RK-006

MASSIMILIANO AFIERO

MICHAEL WITTMANN

IL SUPER ASSO TEDESCO DEI PANZER

Michael Wittmann - RK006 CS First edition Agosto 2017 by Soldiershop.com.
Cover & Art Design by soldiershop factory.   ISBN code: 978-88-93272698
First published by Soldiershop, copyright © 2017 Soldiershop (BG) ITALY. No part of this publication may be reproduced, stored in a retrieval system or transmitted by any form or by any means, electronic, recording or otherwise without the prior permission in writing from the publishers. The publisher remains to disposition of the possible having right for all the doubtful sources images or not identifies. Visit www.soldiershop.com to read more about all our books and to buy them.

In merito alle serie :Italia storia ebook, Ritterkreuz, The Axis Forces ecc. l'editore Soldiershop informa che non essendone l'autore ne il primo editore del materiale pervenuto per la stesura del volume, declina ogni responsabilità in merito al suo contenuto di testi e/o immagini e la sua correttezza. A tal proposito segnaliamo che la pubblicazione Ritterkreuz tratta esclusivamente argomenti a carattere storico-militare e non intende esaltare alcun tipo di ideologia politica presente o del passato cosi come non intende esaltare alcun tipo di regime politico del secolo precedente ed alcuna forma di razzismo.

Note editoriali dell'edizione cartacea

Copyright per l'edizione cartacea italiana della Associazione Culturale Ritterkreuz di Via San Giorgio 11, 80021 Afragola (NA). La riproduzione delle foto qui pubblicate è severamente vietata. Il primo editore ha compiuto tutti gli sforzi necessari per contattare i titolari dei diritti di alcune delle illustrazioni riprodotte, e si impegna a riparare a eventuali errori o omissioni nelle future edizioni del presente testo.

Introduzione

Michael Wittmann, un mito ed una leggenda, al quale sono stati dedicati numerosi studi e ricerche ed intorno al quale continuano a circolare notizie contraddittorie sull'episodio finale che vide l'ufficiale SS soccombere sotto i colpi nemici sul fronte della Normandia. Una carriera folgorante contrassegnata fin dall'inizio da successi eclatanti, frutto però di valore, coraggio e spirito di sacrificio sul campo di battaglia, affrontando il nemico sempre a viso aperto e senza risparmiarsi. Ancora oggi le tattiche di impiego delle Panzertruppen tedesche sono oggetto di studio presso le accademie militari di tutto il mondo e figure come quella di Wittmann, sono tra quelle maggiormente prese ad esempio per la grande prova offerta in prima linea. Pur appartenendo all'esercito più odiato del mondo durante la Seconda Guerra Mondiale, Wittmann, come milioni di altri suoi camerati, combatté pensando di servire unicamente la propria Patria, facendo il suo dovere di soldato fino all'ultimo ed immolandosi sull'altare degli eroi. Per la stesura di questa monografia oltre ai documenti di archivio, sia di fonte alleata che tedesca (peraltro molto discordanti), abbiamo fatto riferimento alle numerose testimonianze dei protagonisti diretti rilasciate nel dopoguerra ed ai tanti numerosi libri pubblicati sull'argomento, riguardanti la Leibstandarte e Wittmann in particolare, prime tra tutte le opere di Agte, Kurowski, Bernage, Simpson e tanti altri, cercando di ripercorrere il più fedelmente la sua carriera militare e di riportare la narrazione degli episodi più importanti nel modo più dettagliato possibile, avendo riscontrato numerose discrepanze tra le numerose fonti a disposizione. Naturalmente non pretendiamo che questo diventi il testo definitivo sulla carriera militare di Wittmann, ma che rappresenti un buon punto di inizio per ulteriori approfondimenti, ai quali ci stiamo già dedicando in prima persona e che saranno poi utilizzati in una successiva pubblicazione, visto che abbiamo in programma una collana di volumi dedicata ai principali protagonisti della Waffen SS. Colgo l'occasione per ringraziare tutti gli amici ed i collaboratori che hanno contribuito alla realizzazione di questo nuovo lavoro, in particolare Stefano Canavassi, Giorgio Barsotti e Paolo Ciuffoni.

Massimiliano Afiero

SOMMARIO

Inizio della carriera militare	Pag. 6
Campagna di Polonia	Pag. 10
Campagna all'Ovest	Pag. 16
Campagna balcanica	Pag. 23
Fronte dell'Est, 1941	Pag. 27
Riorganizzazione e corso ufficiali	Pag. 33
Ritorno sul fronte dell'Est, 1943	Pag. 38
Operazione *Zitadelle*	Pag. 43
La *Leibstandarte* in Italia	Pag. 49
Fronte dell'Est, inverno 1943-1944	Pag. 52
Fronte della Normandia	Pag. 63
L'ultima battaglia	Pag. 90
Informazioni su Wittmann	Pag. 97
Bibliografia	Pag. 98

Gennaio 1944: l'*SS-Ostuf.* Michael Wittmann con la Croce di Cavaliere con Fronde di Quercia.

Inizio della carriera militare

Michael Wittmann nacque il 22 aprile 1914 nel piccolo villaggio di Vogelthal, in Baviera. Figlio del fattore Johann Wittmann e di sua moglie Ursula, una famiglia di fede cattolica. Terminati gli studi nel 1930 all'età di 16 anni, Michael iniziò a lavorare nella fattoria di famiglia. Fu proprio lavorando come fattore, che il giovane Michael sviluppò il suo carattere, imparando da subito il concetto che per raggiungere uno scopo nella vita bisognava lavorare duramente, così come apprese l'importanza del lavoro di squadra, e particolarmente da suo padre, una buona conoscenza dei vari tipi di attrezzi e macchine usate in agricoltura, un'esperienza quest'ultima, che gli servirà tantissimo nel suo futuro addestramento come carrista. Un anno ed un giorno dopo l'ascesa al potere di Adolf Hitler, l'esistenza di Wittmann, come quella di milioni di tedeschi, cambiò radicalmente. Il 1° febbraio 1934. All'età di 19 anni, il giovane Wittmann decise di fare il suo dovere per la Patria, presentandosi volontario nel FAD (*Freiwillige Arbeit Dienst*, il servizio volontario del lavoro) che in seguito divenne il RAD (*Reichs Arbeit Dienst*, il servizio del lavoro del *Reich*) Il RAD, come le altre organizzazioni simili in quel periodo, dava grande enfasi alla cooperazione ed al lavoro di squadra, tutti concetti che già avevano permeato il suo carattere durante il lavoro nei campi. Attratto dalla vita militare, Wittmann decise di lasciare definitivamente la vita da agricoltore, dopo aver terminato i sei mesi nel RAD il 30 ottobre 1934.

Wittmann con l'uniforme del RAD.

Addestramento su uno chassis di un *Pzkpfw I*

Dall'esercito alla *Leibstandarte*

Wittmann iniziò i suoi primi due anni nell'esercito, assegnato alla *10.Kompanie* dell'*Infanterie Regiment 19 (7.Infanterie-Division)*, a Freising vicino Monaco. Malgrado fosse nuovo per la vita militare, Michael Wittmann si adattò rapidamente ai suoi rigori ed ai suoi ritmi, prestando sempre grande attenzione alla cooperazione ed al lavoro di squadra. Durante l'addestramento Wittmann salì per la prima volta su un carro, un *Pzkpfw I*, restandone totalmente affascinato. Trovandolo molto simile alle macchine agricole usate nella fattoria di famiglia, non ebbe grandi difficoltà ad imparare subito a manovrarlo. Wittman rimase con la *10.Kompanie* fino al settembre del 1936, raggiungendo il grado di *Gefreiter*. Dopo essersi trasferito ad Ingolstadt, lavorò come operaio delle ferrovie nella vicina città di Reichertshofen. In questo periodo decise di riprendere la carriera militare nelle *Allgemeine-SS*, un'organizzazione che offriva molti benefici ed una bella uniforme. Fresco dei due anni di servizio militare a Freising, il 22enne Wittmann riuscì a superare facilmente l'esame fisico per l'ingresso nelle *Allgemeine-SS* nel novembre del 1936. Fu quindi assegnato alla *SS-Standarte* di Ingolstadt. L'addestramento iniziale fu difficile e tutti i nuovi candidati dovettero superare una serie di prove fisiche e mediche: i criteri di selezione erano infatti molto severi e molti candidati furono di conseguenza esclusi.

Con l'uniforme dell'esercito.

Il 1° aprile 1937, Michael Wittmann, scelse di trasferirsi nella *Leibstandarte-SS Adolf Hitler*, ricevendo la tessera SS numero 311 623. Grazie alla sua precedente esperienza militare ed al suo addestramento sui carri, venne assegnato al plotone autoblindo (*Panzerspäh-Zug*), formato il 1° ottobre 1936 e posto agli ordini dell'*SS-Ostuf*. Georg Schönberger[1], in procinto di essere trasformato in compagnia. Il 5 aprile raggiunse la sua unità nella famosa caserma Lichterfelde a Berlino. Entrando nella *LSSAH*, Wittmann divenne un *SS-Mann*, l'equivalente grado SS del suo precedente nell'esercito di *Gefreiter*. Il suo iniziale addestramento lo vide quindi impegnato come membro di un equipaggio di autoblindo, veicoli leggeri a quattro ruote, tra cui degli *Sd Kfz 222*, *Sd Kfz 221* e a sei ruote, come gli *Sd Kfz 232*.

SS-Sturmmann Wittmann.

Autoblindo *Sd Kfz 221*, *Sd Kfz 222*

La prima autoblindo tedesca vide la luce nel 1935, denominata come *Leichter Panzerspähwagen* (autoblindo leggera) *SdKfz 221*, un veicolo con un equipaggio di tre uomini con una piccola torretta armata di una mitragliatrice da 7,92 mm. Da esso derivò in seguito l'autoblindo *SdKfz 222*[2] equipaggiata con una torretta corazzata, leggermente più grande, a cielo scoperto, che permetteva l'installazione di un armamento più pesante. La prima *SdKfz 222* apparve nel 1938 e fu successivamente omologata come autoblindo standard dell'esercito tedesco destinata ai nuovi reparti esploranti divisionali. La *SdKfz 222* venne denominata inizialmente come *Waffenwagen*, o veicolo per armi, in quanto venne armata con il cannoncino *KwK 30* da 20mm. Oltre al cannoncino, era montata anche una mitragliatrice *MG 34* da 7,92 mm. Al di sopra della torretta a cielo scoperto, era presente uno schermo di rete metallica avente la funzione di impedire la caduta di bombe a mano all'interno del veicolo. Il posto del pilota era sul davanti, al centro dello scafo. Una ulteriore versione fu la *SdKfz 223*, equipaggiata con un'antenna a larga intelaiatura montata sopra la parte posteriore dello scafo, che permetteva al mezzo, armato di una sola mitragliatrice, di essere impiegato come posto comando e centro trasmissioni. Wittmann terminò il suo addestramento sugli autoblindo, come comandante di un *Sd Kfz 222*, un primo riconoscimento alle sue innate doti di futuro comandante di mezzi corazzati. Il 9 novembre 1937, Wittmann prestò giuramento presso la *Feldherrnhalle* di Monaco e fu promosso al grado di *SS-Sturmmann*. Nel marzo del 1938, il suo plotone autoblindo partecipò alla marcia della *Leibstandarte* in Austria e l'anno successivo la sua stessa unità, insieme agli altri reparti della *Leibstandarte*, guidò le truppe tedesche nei Sudeti. Il 20 aprile 1939, nel cinquantesimo anniversario della nascita di Adolf Hitler, Michael Wittmann fu promosso al grado di *SS-Unterscharführer*.

Autunno 1938: soldati SS in addestramento con autoblindo *SdKfz 222 e 231*.

Note

[1] Georg Schönberger, nato il 21 febbraio 1911 a Monaco in Baviera, SS-Nr. 1 351.

[2] Caratteristiche Tecniche dell'*SdKfz 222*: **Equipaggio**: tre uomini, **Peso**: 4.800 kg, **Motore**: Horch Auto/Union V8-108, a benzina, raffreddato ad acqua, da 81 hp, **Dimensioni**: Lunghezza totale 4,80 mt, Larghezza 1,95 mt, Altezza (compreso lo schermo anti-bombe a mano) 2 mt, **Velocità** massima su strada: 80 km/h, Velocità masima su terreno vario: 40 Km/h, **Autonomia** su strada: 300 km, Autonomia su terreno vario: 180 km.

Campagna di Polonia

Nel settembre del 1939, Wittmann iniziò la Seconda Guerra Mondiale, a 25 anni, servendo nel plotone esploratori motorizzato della *Leibstandarte* (*Panzerspäh-zug*), dopo essere stato addestrato su un *Sd Kfz 222*, prima come pilota e poi come comandante. Durante la campagna di Polonia i reparti SS parteciparono alle operazioni militari aggregati a varie formazioni dell'esercito regolare tedesco, per preciso volere dell'Alto Comando dell'Esercito tedesco. In particolare il Reggimento Motorizzato *Leibstandarte*, agli ordini dell'*SS-Obergruppenführer* Sepp Dietrich, fu posto alle dipendenze della *17.Infanterie-Division* (*Generalleutnant* Herbert Loch), che agiva sul fianco destro dell'*8.Armee* (*Generaloberst* Johannes Blaskowitz) del Gruppo Armate Sud. La formazione SS, essendo completamente motorizzata, doveva essere impegnata come unità di punta per la ricognizione e nella protezione dei fianchi dei reparti dell'esercito più lenti, in particolare doveva assicurare una copertura maggiore sul fianco sinistro della *10.Armee* (*Generalfeldmarschall* Walter von Reichenau). A tal scopo i reparti della *Leibstandarte* presero posizione tra l'*8.* e la *10.Armee* alla vigilia dell'attacco alla Polonia.

Agosto 1939, reparti della *LAH* si avviano verso il confine polacco. In primo piano un *Sd Kfz 232*.

Il primo obiettivo era quello di avvicinarsi all'area di Breslau, penetrare la linea difensiva nemica e conquistare un'importante altura lungo il fiume Prosna. Le truppe polacche a difesa dell'area comprendevano parte di un Reggimento di fanteria ed un gruppo di artiglieria.

All'alba del 1° settembre, seguendo le altre forze tedesche, gli uomini della *Leibstandarte* mossero dalle loro posizioni, scontrandosi subito con reparti nemici. Wittmann con il suo *Sd Kfz 222*, mosse all'avanguardia, dovendo svolgere la sua funzione di ricognizione ed avvistare le posizioni nemiche. Dopo aver attraversato il fiume Prosna, i reparti di Dietrich puntarono verso la città di Boleslavecz. Qui, l'avanzata venne ostacolata da reparti di fanteria polacca e da un gruppo corazzato: seguirono durissimi combattimenti corpo a corpo, con la fanteria polacca che contrattaccò disperatamente con le baionette innestate, facendosi letteralmente massacrare dal fuoco dei tedeschi. Conquistata Boleslavecz, la marcia proseguì in direzione di Wieruszow, una decina di chilometri più a nord.

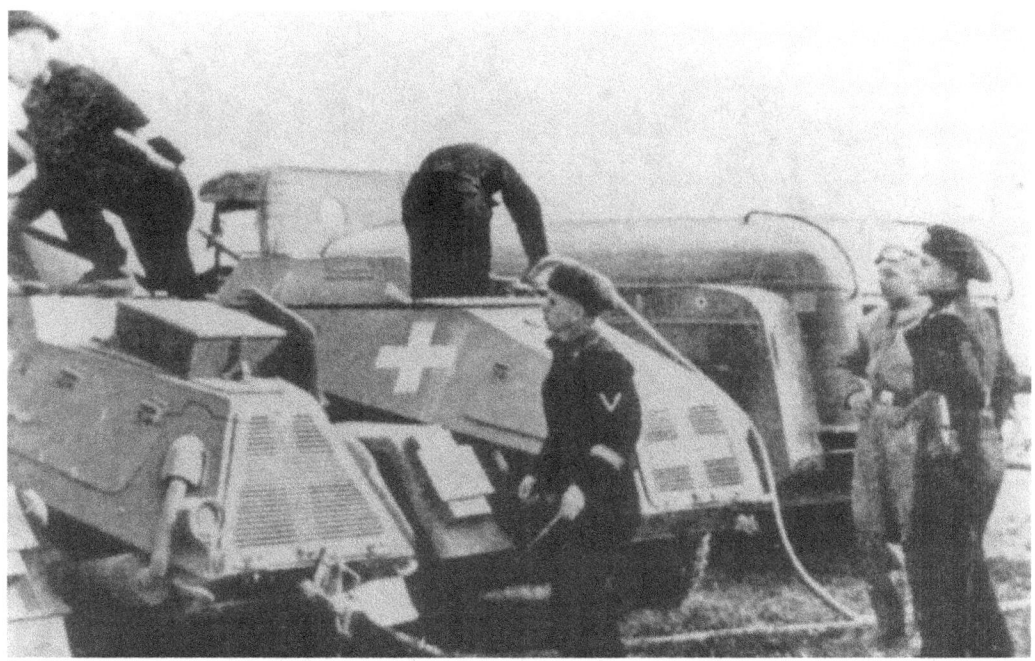

Polonia, settembre 1939: *Sdkfz 221 e 222 della LAH.*

Le colonne della *Leibstandarte* furono continuamente attaccate da gruppi armati nemici, che colpivano velocemente per poi nascondersi tra le foreste. In più di un'occasione dovettero intervenire i mezzi del plotone esploratori di Schönberger, per sventare agguati ed imboscate mortali. Raggiunta Wieruszow, i reparti SS si riunirono al grosso delle forze tedesche con il compito di proteggerne i fianchi, riprendendo la marcia verso nord-ovest al mattino del 2 settembre. Superato il fiume Prosna, il grosso delle forze dell'*8.Armee* raggiunse il fiume Warta, dove c'era una nuova linea difensiva nemica, fatta di bunker e trinceramenti. Il 3 settembre, le forze della *10.Armee* penetrarono le difese polacche a nord di Chestakova, mentre altri reparti corazzati tedeschi aprirono un varco tra le Armate di Lodz e Cracovia. Da qui proseguirono lungo il corso del fiume Pilica giungendo a nord-est in direzione di Varsavia. L'intento dei tedeschi era quello di chiudere le forze polacche in una sacca ad ovest della loro capitale ed annientarle.

Scontri a Pabianice

La *Leibstandarte* nel frattempo si ritrovò impegnata in duri combattimenti lungo la strada per Pabianice, un importante nodo stradale e ferroviario sul fiume Ner ed anche un forte punto di resistenza della seconda linea difensiva polacca. La città era difesa da una guarnigione dotata di artiglieria e cannoni anticarro.

Michael Wittmann

Per tre giorni la *Leibstandarte* attaccò ripetutamente la posizione senza riuscire ad avere ragione del nemico: i polacchi, dopo aver ricevuto rinforzi, furono in grado di contrattaccare, costringendo i reparti SS sulla difensiva. Il 6 settembre giunse di rinforzo il *Panzer-Regiment 23* (alle dipendenze della stessa *17.Inf.Div.*), che attaccò Pabianice dal lato occidentale.

Un *Sd Kfz 221* della *LAH* di scorta alla *Mercedes* di Hitler in Polonia.

I polacchi risposero con un massiccio fuoco di sbarramento della loro artiglieria e dei loro pezzi anticarro: la debole corazza dei carri *PzKpfW I* e *II* venne facilmente penetrata dai proiettili nemici e numerosi mezzi finirono distrutti.

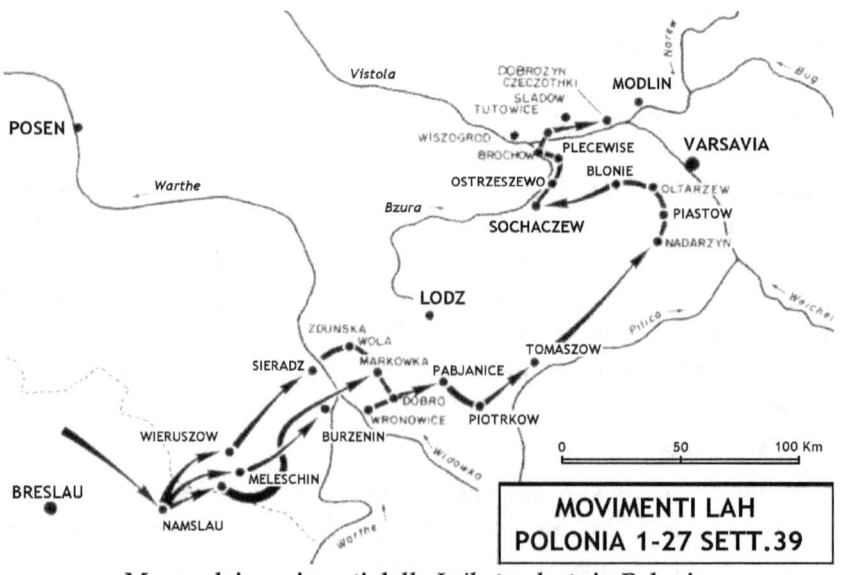

Mappa dei movimenti della *Leibstandarte* in Polonia.

Due compagnie della *Leibstandarte* tentarono di appoggiare l'attacco dei carri, ma si ritrovarono anch'esse sotto il pesante fuoco di sbarramento nemico.

Un *Sd Kzf 222* della *LAH* in Polonia.

Alla fine però, con un ultimo sforzo, i reparti SS riuscirono a conquistare la periferia della città costringendo i polacchi a ripiegare verso il centro. I polacchi contrattaccarono ancora, decisi a riconquistare il terreno perduto, dopo aver ricevuto anche loro altri rinforzi. Quando rimasero finalmente a corto di munizioni, deposero le armi. Wittmann e gli altri veicoli da ricognizione furono impegnati a rastrellare la città per spegnere gli ultimi focolai di resistenza. Caduta Pabianice, la *Leibstandarte* fu trasferita alle dipendenze della *4.Panzer-Division* (*10.Armee*), i cui reparti avevano raggiunto l'area di Ochota, un sobborgo di Varsavia, nel pomeriggio dell'8 settembre. Un gruppo da combattimento comprendente elementi della *Leibstandarte* e dell'*Infanterie Regiment 33*, fu impegnato lungo la strada Grodisk-Masczovoc a sud-est di Varsavia, per prevenire la fuga delle truppe polacche rimaste circondate in una grande sacca.

Vista pilota di un *Sd kfz 221*.

Il I° Battaglione (*SS-Obersturmbannführer* Kohlroser) mosse verso Oltarzew, una città lungo la strada per la capitale polacca, mentre altri gli due battaglioni furono impegnati a conquistare la posizione di Blonie più ad est. La conquista di Oltarzew non fu facile dal momento che i polacchi disponevano di armi pesanti ed artiglieria, mentre il I° Battaglione era equipaggiato solo con armamento leggero. I polacchi grazie alla loro superiorità di fuoco riuscirono addirittura a contrattaccare e furono fermati solo dall'intervento dell'artiglieria tedesca. Giunsero di rinforzo sulla posizione anche gli uomini del II° (*SS-Obersturmbannführer* von Oberkamp) e III° Battaglione (*SS-Obersturmbannführer* Trabandt), dopo essere stati impegnati a combattere per l'importante incrocio stradale di Blonie.

Blonie e Sochaczew

A partire dal 10 settembre e per i successivi due giorni le forze polacche accerchiate continuarono a difendersi accanitamente davanti a Lodz, operando numerosi contrattacchi nel tentativo di sfuggire alla morsa tedesca. Questi tentativi polacchi furono portati anche contro il *Kampfgruppe* comprendente i reparti della *Leibstandarte* e della *4.Panzer-Division*, ma senza risultati di rilievo, ormai le forze polacche erano sul punto di cedere.

Reparti della *Leibstandarte* entrano a Sochaczew, 15 settembre 1939 (BA)

Nei giorni successivi i reparti della *Leibstandarte* ritornarono ad essere impegnati ad annientare le forze polacche ad ovest di Blonie, con l'appoggio dei mezzi corazzati. La marcia proseguì in direzione di Sochaczew, dove i polacchi si difesero accanitamente facendosi uccidere fino all'ultimo uomo. Il 16 settembre la *Leibstandarte* insieme al *Panzer Regiment 35* ed al 12° Reggimento fucilieri, si lanciò all'assalto delle posizioni polacche oltre il fiume Bzura. All'avanguardia sempre i veicoli da ricognizione dell'*SS-Ostuf*. Schönberger: i mezzi corazzati tedeschi furono bersagliati pesantemente dal fuoco dell'artiglieria nemica, mentre i reparti di fanteria SS si impegnarono duramente a distruggere i nidi di resistenza polacchi. Dal 17 al 19 settembre gli assalti continuarono ma i polacchi restavano aggrappati disperatamente alle loro posizioni. Solo con l'intervento massiccio della *Luftwaffe* e dell'artiglieria tedesca, la resistenza polacca venne definitivamente spezzata. La *Leibstandarte* venne quindi trasferita nell'area di Modlin, per partecipare alla conquista dei forti. Il 25 settembre, Adolf Hitler visitò personalmente i reparti della sua guardia del Corpo, ispezionando la *13.Kompanie* (fucilieri motociclisti) accampata a Guzov. Due giorni dopo Varsavia cadde. Con la fine della campagna polacca la *Leibstandarte* venne trasferita a Praga per un periodo di riposo e per essere riorganizzata. Al ritorno dalla Polonia, Wittmann fu assegnato come sottufficiale istruttore nella *5.Kompanie* del Battaglione rincalzi della *LSSAH*.

Due momenti della visita di Adolf Hitler ai reparti della *Leibstandarte* in Polonia, settembre 1939.

Dopo alcune settimane di permanenza nel Protettorato, i reparti fecero ritorno in Germania per continuare l'addestramento per tutto l'inverno 1939-1940. Hitler visitò a Dicembre il Reggimento, annunciando ai membri della *LAH*, che avrebbero ben presto combattuto nelle stesse regioni dove era stato versato il sangue dei loro padri, senza fornire ulteriori dettagli. Naturalmente Hitler si riferiva alla successiva campagna sul fronte occidentale.

Campagna all'ovest

Per la campagna sul fronte occidentale, la *Leibstandarte* era stata posta alle dipendenze della *18.Armee* come parte del Gruppo Armate B del Generale Fedor von Bock. Compito principale dell'Armata, quello di proteggere il fianco nord dell'attacco tedesco verso ovest ed allo stesso tempo sfondare il sistema difensivo olandese attraverso i fiumi ed i canali. I reparti della *Leibstandarte*, aggregati alla *227.Infanterie-Division* del Generale Frederick Zickwolff, dovevano attraversare la frontiera olandese e catturare intatti i ponti stradali e ferroviari sul fiume Ijssel.

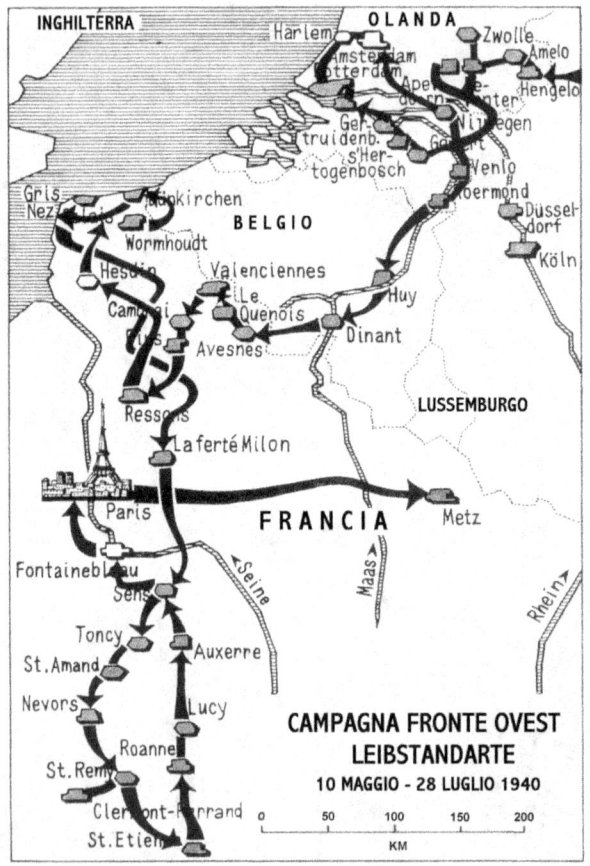

Michael Wittmann era sempre al comando di un *Sd Kfz 222 Spähwagen*. Il suo plotone era passato agli ordini dell'*SS-Ustuf.* Karl Böttcher[1]. Il 9 maggio, la parola in codice 'Danzig' fu trasmessa a tutte le unità tedesche: subito dopo la mezzanotte i reparti della *LSSAH* lasciarono le loro posizioni puntando verso la frontiera olandese, dove giunsero verso le 5.00 del 10 maggio. Il primo obiettivo era il villaggio olandese di De Poppe, che venne conquistato mezzora dopo, cogliendo completamente di sorpresa i soldati olandesi e senza sparare un colpo. La marcia proseguì in direzione del villaggio di Bornbroeck, dove gli olandesi erano riusciti a far saltare i passaggi sul fiume prima dell'arrivo dei tedeschi. Quando giunsero i reparti esploranti della *Leibstandarte*, con gli autoblindo in testa, subirono un pesante fuoco di sbarramento da parte dei soldati olandesi appostati sull'altra sponda del fiume. I pionieri SS si misero subito al lavoro per rimettere in sesto uno dei ponti distrutti e nel giro di qualche ora i reparti motorizzati riuscirono a passare, costringendo gli olandesi a battere in ritirata. La penetrazione in territorio nemico proseguì rapidissima, in direzione di Zwolle, la capitale della provincia dell'Overijssel, al centro dei Paesi Bassi.

Soldati della *LAH* in Olanda.

Durante successiva marcia verso sud per stabilire il collegamento con il resto dei reparti, il plotone autoblindo di Wittmann riuscì a catturare un intero reparto olandese, colto a pranzare. L'11 maggio, iniziò l'assalto alle posizioni olandesi lungo il fiume Ijssel, insieme ai reparti della 227.*Inf.Div*. Con la maggior parte dei ponti sul fiume distrutti, gli uomini del *III./LSSAH* riuscirono a trovare un passaggio a Zutphen, riuscendo così a passare sull'altra riva e a conquistare la posizione di Hoven. Andarono in avanti anche i reparti della *15. Kradschützen-Kompanie* (compagnia motociclisti) dell'*SS-Hstuf*. Kurt Meyer. Subito dopo i reparti di Dietrich passarono alle dipendenze della *9. Panzer-Division* (*Generalmajor* Alfred von Hubicki), proseguendo la marcia verso ovest, passando per le posizioni di Kleve e Hertogenbosch. Wittmann ed il suo gruppo esplorante era sempre davanti alle colonne della *LSSAH* per sventare qualsiasi minaccia del nemico. Il 13 maggio giunsero al ponte di Moerdijk, rilevando i paracadutisti che lo avevano conquistato, per poi proseguire in direzione di Rotterdam, lungo la sponda meridionale del fiume Maas, marciando sotto il fuoco incessante dell'artiglieria olandese. A sud di Rotterdam, i reparti della *Leibstandarte* si fermarono davanti alle posizioni difensive olandesi, in attesa di una risposta all'ultimatum tedesco: se gli olandesi non avessero deposto le armi, Rotterdam ed Utrecht sarebbero state bombardate dalla *Lufwaffe*. Nella vana speranza di un aiuto da parte degli alleati, gli olandesi presero tempo, causando un'inutile strage di vite umane.

Soldati della *Leibstandarte* sul fronte olandese.

Cinque ore dopo il pesante bombardamento, i primi reparti tedeschi fecero il loro ingresso nella città, tra le fiamme ed il fumo. Anche i reparti della *Leibstandarte* entrarono in città per eliminare eventuali nidi di resistenza nemici. Il plotone esploratori di Wittmann fu impegnato a stabilire il collegamento con un reparto paracadutisti rimasto tagliato fuori fin dai primi giorni dell'invasione alla periferia della città.

Reparti tedeschi a Rotterdam.

Dopo la caduta di Rotterdam, la marcia proseguì in direzione di Delft dove vennero catturati più di quattromila soldati olandesi. Il giorno successivo i reparti SS giunsero all'Aja, proprio nel momento in cui l'Olanda firmava la resa.

In Francia

Per tentare di chiudere definitivamente in trappola le truppe alleate che ancora si battevano nelle Fiandre, il Comando tedesco ordinò al Generale Guderian di dirigere i suoi reparti corazzati verso nord, per la conquista dei porti lungo la Manica (Boulogne, Calais e Dunkerque). Alla manovra dovevano partecipare anche i reparti SS, tra cui quelli della *Leibstandarte*. Nel giro di due giorni le forze alleate nelle Fiandre furono circondate in un'area quasi triangolare delimitata a sud da una serie di canali. I reparti della *Waffen SS* si attestarono lungo questa linea d'acqua, pronti ad attraversarla, ma furono bloccati dall'ordine del *Führer* del 24 maggio.

Pionieri della *LAH* attraversano la Marna a bordo di canotti.

Questa impasse permise agli alleati di preparare l'evacuazione via mare del maggior numero di uomini disponibili sottraendoli all'inevitabile annientamento. A partire dal 24 maggio, la *Leibstandarte* fu trasferita alle dipendenze della *1.Panzer-Division* (Gen.Maj. Friedrich Kirchner), aggregata a sua volta al *Gruppe von Kleist*, giungendo lungo il Canale Aa a ridosso della sacca di Dunkerque. Durante la notte del 26 maggio, l'ordine di arresto del *Führer* venne finalmente revocato ed i reparti SS poterono continuare il loro assalto alle posizioni nemiche. Guderian ordinò un attacco lungo la strada Wormhoudt-Berques e per questa operazione, la *Leibstandarte*, fu trasferita alle dipendenze della *20.Infanterie-Division*. Il 28 maggio, un *Kampfgruppe* comprendente anche i reparti della *Leibstandarte*, attaccò in direzione di Wormhoudt. I soldati della *Leibstandarte* si lanciarono all'assalto delle posizioni alleate, malgrado il massiccio fuoco di sbarramento dell'artiglieria inglese. Subito dopo venne lanciato un nuovo attacco lungo la strada Oost Cappel-Rexpoude, per incalzare le forze inglesi che battevano ormai in ritirata verso la spiaggia di Dunkerque, nella speranza di imbarcarsi.

Attacco verso sud

Eliminate le forze nemiche nel nord, all'inizio di giugno iniziò l'assalto contro le esauste e demoralizzate forze francesi attestate sulla Somme, che nel giro di pochi giorni furono completamente travolte. Per l'attacco contro la Linea Weygand, i reparti della *Leibstandarte* e della *SS-Verfügungs-Division* furono assegnati come fanteria di supporto al Gruppo corazzato von Kleist. L'8 giugno i reparti della *LSSAH* attraversarono il fiume Aisne, passarono per Soissons e Villers-Cotterêts, scontrandosi duramente con alcuni reparti di fanteria francese. Il *I./LSSAH* fu impegnato nella conquista di Château-Thierry, azione che servì ad aprire la strada agli altri reparti tedeschi verso la Marna, raggiunta il 12 giugno e superata per prima dai reparti del *II./LSSAH* nei pressi di Saint Avige. Caduta Parigi, la marcia della *Leibstandarte* proseguì verso sud-ovest, ancora al seguito dei reparti della *9.Panzer-Division*: il 19 giugno, dopo scontri a fuoco con alcuni reparti francesi isolati, venne raggiunto il fiume Allier, un affluente dell'Oise. A Saint Pourcain, lungo il fiume Siarle si verificarono altri cruenti scontri con reparti nemici. Dopo quest'azione i reparti SS furono impegnati nella conquista di Gannat e la marcia continuò in direzione di Vichy. Il 20 giugno, il *II./LSSAH* fu impegnato nella conquista dell'aereoporto di Clermont-Ferrand, dove vennero catturati intatti ben 200 aerei francesi, otto carri armati e furono presi 4.000 prigionieri. Nei due giorni successivi la *Leibstandarte* venne lasciata a riposo prima di essere inviata verso St.Etienne, dove le SS furono impegnate contro altri reparti francesi, appoggiati da alcuni carri risalenti alla Prima Guerra Mondiale.

Soldati della *LAH* per le strade di Clermont-Ferrand.

St.Etienne cadde il 24 giugno, grazie ad un decisivo attacco del *I./LSSAH*. La città era a quattrocento chilometri a sud di Parigi, di conseguenza la *Leibstandarte* si ritrovò ad essere l'unità tedesca ad essere arrivata più a sud durante tutta la campagna di Francia. La firma dell'armistizio franco-tedesco riportò gli uomini di Dietrich più a nord. Annullata all'ultimo momento la marcia trionfale a Parigi, il reggimento fu trasferito a Metz dove rimase fino al febbraio del 1941.

Riorganizzazione e passaggio al comando di uno *StuG III*

Dopo la partecipazione alla campagna di Francia, la *Leibstandarte* venne trasferita alla fine di luglio nell'area di Metz alle dipendenze del *XLI.Armee-Korps*, per essere impegnata come forza di occupazione. In Francia, l'unità venne nuovamente riorganizzata come una Brigata motorizzata, ufficialmente un reggimento di fanteria motorizzato rinforzato, *Verstärkte Leibstandarte SS Adolf Hitler*, con tre nuovi battaglioni fucilieri, un battaglione armi pesanti, un Reggimento di artiglieria ed un Battaglione esploratori. Al battaglione armi pesanti furono assegnati anche sei cannoni d'assalto, *StuG III Ausf A*, che andarono a formare una batteria di cannoni semoventi, la *Panzer-Sturm-Batterie*, agli ordini dell'*SS-Hstuf.* Georg Schönberger.

Metz 1940, Himmler in visita alla *LAH*, ispeziona uno degli *StuG III* appena consegnati.

Uno *StuG* della *LAH* impegnato nelle manovre per l'operazione *Seelowe*.

All'inizio del 1941, l'unità venne ridenominata come *4.(Sturmgeschütz) Kompanie bei V.(schweren) Bataillon LSSAH*. L'*SS-Uscha.* Wittmann ricevette il comando di uno di questi mezzi. Come suo cannoniere c'era l'*SS-Rottenführer* Klinck, un esperto carrista sui *Pz I* e *II*, come pilota c'era l'*SS-Rottenführer* Koldenhöff e come caricatore, l'*SS-Rottenführer* Petersen.

L'addestramento sullo *StuG III* fu intenso e molto realistico: Michael Wittmann ed il suo equipaggio dovettero familiarizzare con ogni singolo angolo ed aspetto del loro veicolo e con ogni possibile manovra e procedura riguardante il movimento del mezzo. Naturalmente l'*SS-Uscha.* Wittmann riuscì a padroneggiare fin da subito il suo nuovo veicolo, la sua nuova macchina da guerra.

La realizzazione del cannone d'assalto *Sturmgeschütz III* (*SdKfz 142*) iniziò a partire dal 1937 allo scopo di disporre di un mezzo per l'appoggio alla fanteria in grado di fornirle supporto ravvicinato di artiglieria, secondo la concezione della *Sturmartillerie* (artiglieria d'assalto). La produzione della prima versione di serie (versione 0) iniziò però soltanto nel febbraio del 1940, con una commessa iniziale di trenta esemplari. Il nuovo mezzo d'assalto era direttamente ricavato dal *Panzer III*, del quale manteneva sostanzialmente inalterato lo scafo.

Una bella istantanea di uno degli *StuG III* assegnati alla *Leibstandarte*. Wittmann ottenne il comando di uno di essi.

L'armamento era composto da un cannone *L/24* da 75 mm installato in una bassa e profilata casamatta fissata allo scafo mediante angolari. La casamatta, essendo fissa, permetteva solo un limitato brandeggio del pezzo. Non era presente alcun armamento secondario eccettuata una pistola mitragliatrice *MP 38* in dotazione all'equipaggio. La corazzatura, sensibilmente più spessa rispetto a quella dell'originale *Panzer III*, raggiungeva i 50 mm nella parte frontale del mezzo e i 30 mm sulle fiancate. Il pezzo da 75 mm era installato su un semplice affusto imbullonato al fondo dello scafo. L'equipaggio comprendeva un capocarro seduto nella parte posteriore destra della sovrastruttura, da un un pilota posizionato nella sezione anteriore sinistra, da un puntatore e da un marconista-servente alloggiato accanto al pilota. Dopo la realizzazione della versione A venne messa in produzione la *Ausf B* dotata di un nuovo e più efficiente cambio e di un nuovo treno di rotolamento, con cingoli da 40 cm che fu seguita nel 1941 dalle versioni C, D ed E.

Note
[1] Karl Böttcher, nato il 9 giugno 1913 a Malente nello Schleswig-Holstein, in Germania. SS-Nr. 257 591.

Campagna balcanica

Alla fine del 1940, l'addestramento sullo *StuG III* venne completato e Wittmann ed il suo equipaggio furono pronti per l'azione. Nel febbraio del 1941, la *Leibstandarte* fu trasferita da Metz in Francia, dove stava riorganizzando i suoi reparti, a Campulung in Romania alle dipendenze del *XIV.Armeekorps*, in vista dell'imminente operazione 'Marita', l'intervento tedesco in Grecia a supporto delle forze italiane, bloccate in Albania. Per l'intervento in Jugoslavia, i reparti della *Leibstandarte* furono trasferiti a Temesvar in Bulgaria, unendosi a quelli della divisione *Grossdeutschland* e della Brigata *Hermann Göring*, in seno al *XXXX.Armee-Korps* del Generale Stumme.

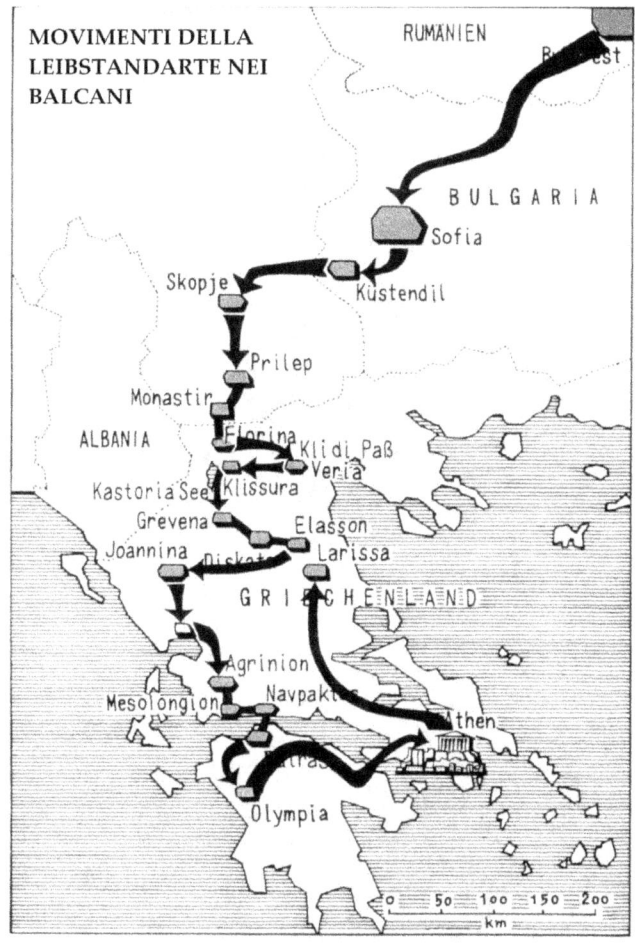

Muovendo dalla città di confine di Kustendil, la *Leibstandarte* entrò in territorio jugoslavo il 7 aprile al seguito della *9.Panzer-Division*, dirigendosi verso Skopje. L'assalto del *XXXX.Armee-Korps* prevedeva la suddivisione delle forze su due colonne: quella settentrionale, comprendente la *Leibstandarte* e la *9.Panzer-Division*, forzò il passo di Kriva e conquistò Skopje. In questa ultima città i reparti della *Leibstandarte* subirono un attacco da parte dell'aviazione jugoslava, lamentando alcune perdite. La colonna merdionale, comprendente la *73.Infanterie-Division* (*General der Infanterie* Bruno Bieler), fu impegnata invece nella conquista dell'importante posizione strategica di Prilep prima di avanzare verso sud in direzione di Bitola (Bitolj), conquistata dopo duri combattimenti casa per casa. Nel frattempo, dopo la conquista di Skopje, i reparti della *Leibstandarte* iniziarono a marciare verso sud in direzione del confine greco, passando attraverso le montagne. Durante questa rapida avanzata, i sei cannoni d'assalto della *LSSAH* incontrarono notevoli difficoltà a muoversi su quei terreni impervi e su strade sterrate ed in più di una occasione dovettero richiedere l'intervento dei pionieri per riuscire a proseguire in avanti. Il 9 aprile, avendo incontrato scarsa resistenza, la Brigata SS giunse senza problemi a Prilep. Il Battaglione esploratori dell'*SS-Stubaf.* Kurt Meyer fu diviso in due gruppi da combattimento, uno diretto verso il passo di Monastir ed un altro in ricognizione lungo la sponda settenttrionale del lago di Prespa alfine di stabilire il contatto con le truppe italiane.

Reparti motorizzati della *Leibstandarte* in marcia verso il confine jugoslavo, primavera 1941.

Il 10 aprile, i reparti della *Leibstandarte* continuarono la loro marcia in direzione della città di Vevi, conquistata l'11 aprile e del passo di Klidi, situato a sud della città. Proprio sul passo, gli alleati decisero di organizzare un'azione ritardante per tentare di bloccare l'avanzata tedesca verso la valle di Florina. Vennero recuperati reparti australiani, inglesi, neozelandesi e greci, che andarono a formare la cosidetta *Mackay Force*, agli ordini del Generale Iven Mackay. All'assalto del passo si lanciò il *Kampfgruppe Witt*, agli ordini dell'*SS-Sturmbannführer* Fritz Witt e solo dopo alcuni giorni, caratterizzati da feroci combattimenti, l'ostacolo venne superato e fu possibile riprendere la marcia verso il cuore della Grecia.

Passo di Klisura

La marcia della *Leibstandarte* proseguì quindi verso sud-ovest fino al passo di Klisura, anche quest'ultimo fortemente difeso dalle truppe greche. Il superamento del passo doveva consentire la marcia dei reparti in direzione del lago di Kastoria, alfine di sbaragliare le forze greche che proteggevano il fianco sinistro delle truppe alleate. Ancora una volta fu necessario sloggiare il nemico all'arma bianca con inevitabili perdite di tempo e di uomini. Questa volta a guidare l'attacco furono gli uomini del Battaglione esploratori guidati dall'*SS-Stubaf.* Meyer.

Difficile avanzata dei reparti sui monti della Grecia.

I primi assalti vennero bloccati dal pesante fuoco di sbarramento dei greci ed ogni tentativo di penetrazione fallì miseramente. Il giorno dopo, appoggiati dal fuoco di una batteria di cannoni *Flak* da 88mm, gli esploratori della *Leibstandarte* tornarono all'attacco: dopo aver percorso alcuni metri però, gli esploratori restarono bloccati sotto il fuoco delle mitragliatrici e dei fucili dei greci. A fornire fuoco di appoggio, intervenne anche lo *StuG III* di Wittmann, il cui equipaggio dimostrò tutta la sua abilità, quando nel bel mezzo di un temporale, riuscì a manovrare il suo mezzo, e dopo essere giunto a circa ottocento metri dalle posizioni nemiche, iniziò a colpirle con il suo pezzo da 75mm. Dopo un nuovo assalto da parte dei soldati SS, il passo venne finalmente conquistato e le forze greche completamente sopraffatte.

Il 15 aprile, il Battaglione di Meyer conquistò la cittadina di Kastoria, dopo furiosi scontri sotto una pioggia torrenziale ed anche in questa occasione si distinse nuovamente lo *StuG* di Wittmann, nel fornire fuoco di appoggio durante l'attacco. La *Leibstandarte* continuò la sua marcia verso sud tagliando la ritirata alle forze greche impegnate sui monti del Pindo. Vennero catturati altri 11.000 prigionieri ed una grande quantità di provvviste e materiali. Dal 19 aprile, il grosso delle forze greche insieme a quelle britanniche iniziarono a ritirarsi verso sud, sempre incalzate dalle truppe tedesche. La *Leibstandarte* riuscì ancora una volta a tagliare loro la strada della ritirata conquistando Metzovo il 20 aprile. Verso sera, le 16 divisioni dell'Armata Epiro-Macedone agli ordini del generale Tsolakoglou, si arresero proprio a Sepp Dietrich. Due giorni dopo, a Salonicco, il resto dell'esercito greco depose le armi mentre le truppe del Commonwealth battevano in ritirata verso la costa nel tentativo di potersi imbarcare. Ai reparti della *Leibstandarte* venne ordinato di incalzarli.

Lo *StuG III Ausf A* di Michael Wittmann passa attraverso le strade di una cittadina greca.

Wittmann con l'uniforme grigia, tipica degli equipaggi degli *StuG*.

Qualche giorno dopo, i reparti SS presero parte alla sfilata della vittoria per le strade di Atene. Dopo alcuni giorni di riposo, i reparti furono trasferiti in Boemia e Moravia per essere riorganizzati in vista dell'imminente campagna all'Est.

Fronte dell'Est, 1941

Alla fine della campagna balcanica la Brigata SS *Leibstandarte* era stata dunque trasferita in Boemia e Moravia per essere riorganizzata: in vista della sua trasformazione in una divisione di fanteria motorizzata, la *Leibstandarte* fu rinforzata con un un nuovo Battaglione di fanteria, un reparto *Flak* su tre batterie ed un *Panzer Abteilung*, che inizialmente incluse solo due unità (denominato *Abteilung Schönberger*), la batteria di cannoni d'assalto, la *1.(StuG)Bttr.*, passata agli ordini dell'*SS-Ostuf.* Emil Wiesemann ed una nuova compagnia equipaggiata con cacciacarri *Panzerjäger I*, la *2.(Pz.Jg.Sfl.)Kp.*, agli ordini dell'*SS-Hstuf.* Prinz. Alla vigilia dell'operazione Barbarossa, la *Leibstandarte* era stata assegnata al *III.Armee-Korps* del Generale von Mackensen, a sua volta dipendente dal *PanzerGruppe 1* di von Kleist. Poiché i reparti non riuscirono a giungere in tempo nell'area di raggruppamento del Corpo, per la mancanza di trasporti, l'unità venne trasferita al *XIV.AK*, dislocato nell'area di Lublino.

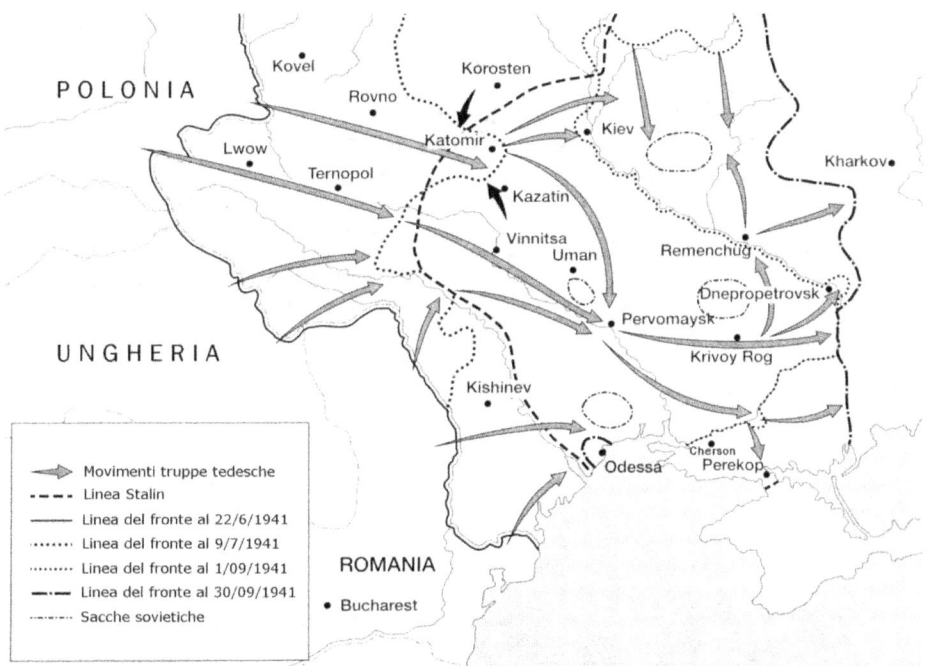

Movimenti truppe tedesche nel settore meridionale del Fronte dell'Est.

L'obiettivo iniziale del Gruppo di Armate Sud era quello di tagliare fuori ed annientare le forze sovietiche ad ovest del Dnieper. Il *PanzerGruppe 1*, dislocato sul fianco sinistro, doveva da parte sua penetrare le difese sovietiche nell'area di Kowel, dove erano concentrate un gran numero di forze nemiche. I reparti della *Leibstandarte* restarono in riserva fino al 27 giugno quando giunse finalmente l'ordine di marcia lungo la strada per Ostorwiecz seguendo i reparti motorizzati della divisione SS *Wiking*. Raggiunta l'area di Sandomierz, sempre restando di riserva, i reparti della *LSSAH* proseguirono in direzione di Zamosc. Dopo i combattimenti in Galizia, l'unità mosse in direzione di Ostrog passando il fiume Slucz il 7 luglio, superando la linea Stalin a Miropol e proseguendo in direzione di Zhitomir. Continuando a marciare lungo la strada principale per Kiev, a nord di Romanovka, i reparti avanzati della *Leibstandarte* incapparono in numerose ed agguerrite forze nemiche. L'8 luglio, la *Leibstandarte* venne impegnata nella conquista dell'importante nodo stradale di Kudnov, aprendo la strada agli altri reparti del *Panzergruppe*. Il 9 luglio, con un formidabile attacco notturno, gli uomini di Dietrich conquistarono la posizione di Shepetovka. Al mattino succesivo continuarono la loro avanzata verso Zhitomir, in supporto alla *13.Pz-Div.*, partecipando alla conquista della città. Il giorno dopo giunse l'ordine di trasferirsi più a sud, verso l'area di Uman, per partecipare all'annientamento delle forze sovietiche impegnate contro l'*11.* e la *17.Armee*.

Il cannone di assalto di Wittmann sul fronte dell'Est.

Stug III della *Leibstandarte* sul fronte dell'Est, 1941.

Wittmann in azione

Con i reparti motorizzati della *Leibstandarte* chiamati a coprire i fianchi delle forze d'attacco di von Kleist e contemporaneamente a respingere i feroci contrattacchi di numerose formazioni sovietiche che tentavano di sfuggire alla morsa dei tedeschi, il 12 luglio, allo *StuG* di Wittmann (battezzato scherzosamente 'Bussard', poiana) fu ordinato di muovere verso una collina, designata sulle mappe come quota 65.5. Dopo aver raggiunto la posizione, marciando al riparo di un fossato, l'*SS-Rottenführer* Klinck, il cannoniere di Wittmann, avvistò alcuni carri nemici in avvicinamento. Dopo essersi spostati su una posizione con una migliore visuale, furono avvistati ben diciotto T-34/76, un gruppo di dodici ed un altro di sei. Dopo aver ordinato al suo pilota Koldenhöff di riposizionare il veicolo sul lato sinistro della collina, Wittmann preparò il suo equipaggio allo scontro, posizionando il cannone in direzione del nemico. Dopo aver spostato ancora il mezzo, per ottenere una migliore visuale, il primo *T-34/76* fu distrutto da un proiettile perforante.

Uno *StuG.III* della *Leibstandarte* ha appena distrutto un *T-34*. Alcuni soldati SS raccolgono i caduti dell'equipaggio del carro nemico.

Poiché lo *StuG III* non aveva una torretta mobile, tutta la responsabilità ricadeva sul pilota Koldenhöff, che riuscì rapidamente a spostarsi su una nuova posizione di tiro più vantaggiosa così da permettere a Klinck di centrare un secondo *T34/76*, che prese fuoco subito dopo. Dopo pochi secondi, il caricatore Petersen aveva già infilato un altro proiettile nella calda ed oleata bocca da fuoco dello *StuG*. Dopo una breve fuga da un altro *T34/76*, Wittmann riuscì a raggiungere il bordo di una piccola foresta per pianificare i prossimi movimenti. Mentre effettuava una rapida ricognizione a piedi, Wittmann avvistò un altro carro nemico. Improvvisamente udì un terribile boato, ritrovandosi subito dopo a terra. Dopo essersi rialzato, con sua grande sorpresa, vide il *T-34/76* fumante, con la torretta completamente squarciata. La grande capacità di osservazione di Klinck, lo spirito di iniziativa e la bravura del cannoniere, furono elementi fondamentali per colpire il bersaglio. Di ritorno alla sua postazione, Wittmann fu il primo a congratularsi con il suo abile cannoniere. Ma non c'era tempo da perdere, la battaglia era in corso ed un altro veicolo sovietico era stato avvistato. Usando il potente motore *Maybach*, Koldenhöff manovrò lo *StuG* in modo da permettere a Klinck di inquadrare il carro nemico. Dopo pochi secondi anche il quarto carro sovietico era stato distrutto.

StuG III e *Pzjäger I* della *Leibstandarte* alla periferia di Mariupol, estate 1941.

Superato un corso d'acqua, Wittmann riuscì ad avvistare altri tre carri sovietici, già visti in precedenza, impegnati a marciare verso la sommità di una collina vicina. Dopo che Koldenhöff mosse rapidamente lo *StuG III* a circa cinquecento metri dall'ultimo carro sovietico, Klinck rapidamente rispose ai comandi di Wittmann, centrando con un proiettile perforante il mezzo nemico. Gli altri due *T-34* si diressero a quel punto verso il veicolo di Wittmann costringendo Koldenhöff a spostare rapidamente lo *StuG* per preparlo allo scontro.

Wittmann davanti al suo *StuG* con la *EKII* appena ricevuta.

Klinck riuscì così a distruggere un altro carro nemico, mentre il terzo *T-34* decise di mettersi in salvo. Ma anche quest'ultimo venne distrutto dai tiri micidiali di Klinck. In quella giornata, oltre al grande coraggio dimostrato da Wittmann e dal suo equipaggio, con la distruzione di sei carri nemici, il coraggioso *SS-Unterscharführer* dimostrò anche grande spirito umanitario: vedendo tre carristi sovietici feriti, ordinò al suo equipaggio di prestargli soccorso. Il 12 luglio 1941 Wittmann ricevette la sua prima decorazione, la Croce di Ferro di Seconda Classe, dalle mani di Sepp Dietrich. Quando lo stesso Dietrich gli chiese se avesse uno speciale desiderio, Wittmann richiese che i tre feriti sovietici fossero portati ad un posto di soccorso, dimostrando di essere un vero guerriero dal cuore nobile.

L'*SS-Oscha*. Wittmann con le nuove decorazioni.

Distintivo per Feriti in Nero (*Werwundeten Abzeichen in schwarz*).

Prime ferite di guerra

Anche durante il successivo mese di agosto la marcia delle forze armate tedesche proseguì inesorabilmente malgrado una forte ed inaspettata resistenza da parte dei sovietici e malgrado il grave numero di perdite. L'assalto contro l'area di Uman si risolse con un completo successo ed i reparti della *Leibstandarte* si distinsero particolarmente. Proprio durante i combattimenti per l'annientamento delle forze sovietiche nella sacca di Uman, Wittmann rimase ferito per la prima volta, riportando alcune escoriazioni alla testa ed al viso, ferite non serie, ma che gli valsero un mese dopo, la concessione del Distintivo per Feriti in Nero, *Werwundeten Abzeichen*[2], il 20 agosto 1941. Il 19 agosto venne conquistata Kherson: durante i combattimenti nel porto della città, il cannone d'assalto di Wittmann venne impegnato in uno scontro a fuoco con una cannoniera sovietica ed un sottomarino. La cannoniera finì affondata, mentre restarono sconosciuti gli effetti del fuoco diretto contro il sottomarino nemico. All'inizio di settembre i reparti della *LAH* superarono il Dnieper. Dopo aver svolto un ruolo significativo nell'assalto alla steppa del Nogai, l'8 settembre 1941 Wittmann venne decorato con la Croce di Ferro di Prima Classe. Mentre proseguiva la marcia in direzione della Crimea, Wittmann ed il suo equipaggio si ritrovarono coinvolti in un curioso incidente: durante l'avanzata al seguito degli esploratori di Kurt Meyer verso l'istmo di Perekop, la loro marcia venne improvvisamente bloccata da un gregge di pecore. Prima che potessero dire una parola, uno degli animali finì su una mina. Il resto del gregge, muovendosi, fece saltare altre mine. In questo modo Wittmann ed i suoi camerati evitarono il pericolo. Avvertiti dalle esplosioni, i sovietici attaccarono i reparti SS, costringendoli a ripiegare verso Melitopol. Seguì un successivo contrattacco nemico anche contro questa posizione, durante il quale Wittmann ebbe modo di mettersi ancora in evidenza, durante un attacco corazzato nemico notturno, quando un *T-34/76* apparve come un fantasma nell'oscurità.

Michael Wittmann

Il *Panzerkampfabzeichen in silber*.

Il pilota Koldenhöff rapidamente assunse posizione di attacco mentre il cannoniere Klinck fece il resto, colpendo il mezzo nemico al primo tiro, centrando il suo carico di munizioni. Subito dopo furono distrutti due pezzi anticarro sovietici. Dopo aver stabilito il collegamento con *Panzermeyer*, Wittmann ed il suo *StuG III*, continuò a battersi tenacemente contro le forze corazzate nemiche. L'8 ottobre, durante nuovi scontri, Wittmann rimase nuovamente ferito, lamentando ferite alla coscia destra, alla testa ed al viso che lo costrinsero a due giorni di ricovero presso un ospedale da campo. Il 9 novembre 1941, fu promosso al grado di *SS-Oberscharführer* ed allo stesso tempo venne raccomandato dai suoi superiori per frequentare il corso per diventare ufficiale. Il giorno dopo la caduta di Rostov, il 21 novembre, Wittmann ricevette una nuova prestigiosa decorazione, il distintivo per assalti corazzati in Argento (*Panzerkampfabzeichen in silber*)[3], come risultato della sua partecipazione a ben venticinque scontri corazzati.

Note

[1] Emil Wiesemann, nato l'11 settembre 1914 a Berlino, SS-Nr. 54 514.

[2] Il *Werwundeten Abzeichen* fu istituito il 1° Settembre 1939. Raffigurava un elmo su spade incrociate all'interno di un ovale circondato da foglie d'alloro. Erano titolati al conferimento del *Werwundeten Abzeichen* tutti i militari delle tre forze armate tedesche (*Heer*, *Luftwaffe* e *Kriegsmarine*) che fossero rimasti feriti nelle operazioni militari per effetto delle armi del nemico. Erano previste tre classi, correlate al numero delle ferite riportate: "in nero" per una o due ferite, "in argento" per tre o quattro ferite ed in "in oro" per un numero superiore a quattro ferite. L'11 Ottobre 1939 l'OKW comunicava che anche gli appartenenti alle SS ed alla Polizia, qualora ne ricorressero i requisiti previsti, erano intitolati a ricevere il distintivo.

[3] Istituito il 20 dicembre 1939 dal Colonnello Generale von Brauchitsch, il *Panzer-Kampfwagenabzeichen* (distintivo dei corazzati da combattimento, più tardi rinominato semplicemente *Panzer-Kampfabzeichen*), poteva essere conferito al personale delle unità corazzate, che in qualità di comandanti di reparti corazzati (all'interno di carri-comando), capicarro, cannonieri, conducenti o operatori radio di bordo, avessero preso parte ad almeno tre azioni belliche, in giorni diversi. L'insegna, in metallo argentato, fu disegnata dall'artista Ernst Peekhaus di Berlino e consisteva in una corona ovale, ricoperta di foglie di quercia, nel cui interno era collocata la sagoma di un carro (tipo *Pzkpfw III*) avanzante verso destra.

Riorganizzazione e corso ufficiali

Alla fine del 1941, i reparti della *Leibstandarte* insieme alle altre forze tedesche nel settore meridionale del fronte dell'Est, furono ritirati sulla riva occidentale del Mius ad ovest di Rostov. Per tutto il mese di dicembre continuarono ad essere impegnati tra mille difficoltà e privazioni a respingere i reiterati assalti sovietici. Con l'abbassamento drastico delle temperature, il gelo bloccò tutto, anche gli attacchi nemici. All'inizio del 1942, la *Leibstandarte* e la *1.Panzer-Armee* dalla quale dipendeva, non furono impegnate in nessuna operazione su larga scala. Per ordine di Hitler, l'unità doveva essere lasciata a riposo fino alla prossima offensiva di primavera ed allo stesso tempo doveva essere riorganizzata e riequipaggiata. Alla fine di giugno, quando iniziò la grande offensiva d'estate nel Caucaso, la *Leibstandarte* ricevette l'ordine di trasferimento in Francia, dove si temeva un imminente sbarco alleato. I reparti furono trasferiti nell'area ad est di Parigi.

Carri *Tigre* assemblati in fabbrica, 1942.

Il trasferimento in Francia rientrava nei piani di riorganizzare le prime tre divisioni SS, *Leibstandarte*, *Das Reich* e *Totenkopf*, in delle nuove *Panzergrenadier Divisionen* della *Waffen SS*, con l'aggiunta di un reparto corazzato per ciascuna unità, oltre ad una compagnia pesante equipaggiata con i nuovi carri *Tigre*. Contemporaneamente venne avviata nello stesso periodo la formazione del primo corpo corazzato delle SS, che doveva includere le stesse formazioni. Il Corpo corazzato delle SS (o meglio il suo Stato Maggiore) venne formato a Bergen in Olanda nel luglio del 1942 come *SS-Panzer-GeneralKommando*. Inizialmente il Corpo venne utilizzato nel controllo della riorganizzazione delle divisioni SS in Francia per tutta l'estate del 1942. L'intenzione di Himmler era quella di riuscire a formare almeno tre corpi corazzati della *Waffen SS*. Il I° avrebbe incluso la *LAH* e la nuova divisione corazzata SS *Hitlerjugend*; il II° la *Das Reich* e la *Totenkopf*; il III° la *Wiking* e la *Nordland*. All'inizio del 1943, poiché la *Hitlerjugend* era ancora in fase di formazione, il I° Corpo fu temporaneamente disciolto, mentre il II° agli ordini dell'*SS-Ogruf.* Paul Hausser, si ritrovò composto dalle divisioni SS *LAH*, *Das Reich* e *Totenkopf*.

Corso ufficiali a Bad Tölz

La torre di entrata a Bad Tölz.

Dopo circa un anno di duri combattimenti in Russia, l'*SS-Oberscharführer* Wittmann fece ritorno in Baviera, trasferito alla *SS-Junkerschule* di Bad Tölz, per iniziare il suo corso per diventare ufficiale della *Waffen SS*. Superò tutte le prove eccellentemente, distinguendosi particolarmente nel maneggio delle armi. Il 5 settembre, a conclusione del corso, Wittmann venne trasferito all'*SS-Panzer-Ersatz-Bataillon* a Weimar, come comandante di plotone. Dopo aver indossato per quasi due anni la divisa grigia degli equipaggi dei cannoni d'assalto (*Sturmartillerie*), ritornò ad indossare l'uniforme nera delle truppe corazzate. Il 21 dicembre 1942 Wittmann venne trasferito all'*Ersatz und Ausbildungs Abteilung 500* a Paderborn, con il nuovo grado di *SS-Untersturmführer*. Da qui successivamente venne trasferito a Ploërmel, a sud-est di Rennes in Bretagna, dove iniziò ad addestrarsi sul nuovo carro *Tigre*. Wittmann si impegnò moltissimo allo studio del nuovo carro, un mezzo che nessuno aveva mai visto prima. A parte la sua impressionante mole e la sua spessa corazza, il *Tigre* era armato con il potente cannone da 88mm, *L56 Kwk 36*, un'arma dalla terribile potenza e con una formidabile gittata. L'*88/56* del *Tigre* non era altro che il famoso 88 contraereo e controcarro adattato all'installazione sui mezzi corazzati, in grado anche, all'occorrenza, di sparare granate dirompenti.

SS-Ustuf. Wittmann.

Dopo aver studiato attentamente le specifiche tecniche dai manuali, Wittmann familiarizzò con il veicolo, iniziando a scoprirne subito pregi e difetti. L'addestramento era organizzato in modo da introdurre ciascun membro dell'equipaggio a ricoprire qualsiasi ruolo: comandante, cannoniere, caricatore, pilota ed operatore radio. Ciascun ruolo aveva le proprie responsabilità ed attraverso la perfetta conoscenza di ciascuna di esse garantiva un corretto livello di affiatamento tra i cinque membri dell'equipaggio. Wittmann non solo familiarizzò con il suo ruolo di comandante, ma anche con il cannone da 88mm, i suoi meccanismi di puntamento, il potente motore Maybach, il meccanismo di caricamento ed il sistema di comunicazione radio. Come era già successo durante l'addestramento sui cannoni d'assalto due anni prima, Wittmann cercò di rendere il più efficiente possibile il suo equipaggio. Come cannoniere, c'era l'*SS-Rottenführer* Balthasar 'Bobby' Woll, che divenne in seguito comandante di *Tigre*. Il caricatore era l'*SS-Rottenführer* Karl Berges mentre il pilota era l'*SS-Rottenführer* Gustav 'Gustl' Kirschmer.

Addestramento al tiro con torrette fisse.

L'operatore radio, che svolgeva anche il ruolo di mitragliere di bordo, era l'*SS-Rottenführer* Herbert Pollmann. Malgrado gli equipaggi dei carri *Tigre* cambiassero continuamente sul campo di battaglia, Wittmann richiese sempre come cannoniere 'Bobby Woll'. Dopo aver ritirato il loro *Tigre* dalla fabbrica Henschel di Kassel, Wittmann ed il suo equipaggio ripresero l'addestramento con il nuovo veicolo di ritorno a Ploërmel. Il primo obiettivo fu quello di istruire Kirschmer con i controlli del mezzo. Durante i primi giorni, l'equipaggio lamentò infatti continui ferimenti proprio a causa della 'cattiva' guida del pilota, non abituato ad un veicolo di quella stazza. La successiva fase riguardò la pratica di tiro, usando delle speciali torrette montate a terra; mentre Wittmann, Woll e Berges perfezionavano le tecniche di tiro, il mitragliere Pollmann ed il pilota Kirschmer furono occupati a curare gli aspetti circa la manutenzione del veicolo.

La *Schwere Kompanie* della *Leibstandarte*

La dotazione di carri *Tigre* alle prime tre divisioni della *Waffen SS*, trasformate nell'autunno del 1942, in *panzergrenadier division* (divisioni di granatieri corazzati, su due reggimenti granatieri ed un reggimento corazzato) rientrava nel piano dell'Alto Comando SS, di formare un primo corpo corazzato SS, comprendente un battaglione corazzato pesante, equipaggiato appunto con i nuovi carri *Tigre*. Le tre divisioni SS fornirono il personale, che venne raggruppato presso il campo di istruzione di Fallingbostel. Alla fine però la formazione del battaglione fu rinviata a causa della mancanza di un numero sufficiente di carri *Tigre* e quindi fu deciso di assegnare a ciascuna delle tre divisioni almeno una compagnia *Tigre*. La compagnia pesante per la *Leibstandarte*, posta agli ordini dell'*SS-Hstuf*. Heinz Kling, venne formata ed addestrata sempre a Fallingbostel.

Heinz Kling.

Il personale venne prelevato non solo dal *Panzer Regiment* della *LAH*, ma anche dal battaglione cannoni d'assalto. La *4.(schwere).Kompanie* dell'*SS-Panzer Regiment LAH*, comprendeva tre plotoni pesanti, equipaggiati con carri *Tigre* ed un plotone leggero, equipaggiato con carri *Pzkfw III*. La compagnia comprendeva un totale di 306 uomini, ufficiali, sottufficiali e truppa, con un parco veicoli di 119 mezzi, carri inclusi. Kling aveva come aiutante l'*SS-Ostuf*. Waldemar Schütz, il quale durante la fase di addestramento, fu al comando del primo plotone della compagnia. Il secondo plotone era invece agli ordini dell'*SS-Ustuf*. Hannes Philipsen, mentre il terzo era agli ordini dell'*SS-Ustuf*. Helmuth Wendorff. Il plotone leggero, equipaggiato con cinque carri *Pzkfw III*, fu assegnato proprio all'*SS-Ustuf*. Michael Wittmann, malgrado fosse stato addestrato fino a quel momento sul nuovo carro pesante. Il compito principale del plotone leggero di Wittmann era quello di proteggere i *Tigre* da attacchi a corto raggio, provenienti da reparti anticarro o di fanteria nemici. Le operazioni offensive erano secondarie. Il plotone doveva servire da schermo difensivo per i *Tigre*. I *Panzer III* erano armati con il cannone lungo da 50mm con piastre di rinforzo protettive allo scafo ed alla torretta. Il carro di Wittmann aveva la sigla di

Michael Wittmann

identificazione (*Turmnummer*) *4L1*. Al comando degli altri carri c'erano l'*SS-Oscha*. Max Marten (*4L2*), l'*SS-Uscha*. Franz Staudegger (*4L3*), l'*SS-Scharführer* Georg Lötzsch (*4L4*) e l'*SS-Unterscharführer* Schwerin (*4L5*).

Composizione *Tigerkompanie* (4.SS-Pz.Rgt. 'LSSAH') Febbraio 1943

Ritorno sul fronte dell'Est, 1943

A partire dal 9 gennaio 1943, su ordine personale di Hitler, i reparti della *Leibstandarte* e della *Das Reich* partirono per il fronte dell'Est, caricati su più di cinquecento convogli ferroviari. Il viaggio dalla Francia durò circa due settimane, visto che i vagoni ferroviari che trasportavano i materiali, furono costretti a cambiare più volte il percorso per evitare le incursioni dell'aviazione alleata e gli attacchi delle bande partigiane. I primi reparti a giungere in Ucraina, furono quelli dell'*SS-Panzergrenadier-Regiment 1* della *Leibstandarte*, che non appena scesero dal treno, furono subito inviati in prima linea per fronteggiare i continui attacchi nemici. Il 29 gennaio, le forze sovietiche del fronte sud-occidentale di Vatutin lanciarono una massiccia offensiva contro il fronte dell'*Heeresgruppe B* a sud del Donetz, penetrando in più punti la linea difensiva tedesca, mentre le forze del Tenente Generale Popov (4 corpi corazzati ed un corpo di fanteria), dopo aver aperto una breccia di circa 60 chilometri, stavano puntando in direzione di Slavyansk con l'intenzione di tagliare la ritirata alle truppe tedesche dal Bacino del Don.

Un *Pz.III* sul fronte di Kharkov, gennaio 1943.

Il 3 febbraio, il comandante dell'*SS-PanzerKorps*, Paul Hausser, ricevette l'ordine di avanzare con le forze a sua disposizione dall'area a sud di Kharkov verso Kupyansk, per tentare di colpire alle spalle le avanzanti colonne sovietiche. In quel momento, sia la *Das Reich* sia la *Leibstandarte* erano impegnate in combattimenti difensivi ad est e nord-est di Kharkov, per cui fu impossibile eseguire la missione. Il 5 febbraio, la Prima Armata della Guardia sovietica conquistò Izyum, proprio alle spalle dell'*Heeresgruppe Don*, minacciando di tagliare completamente le linee dei rifornimenti. Per 'salvare' dall'accerchiamento le sue forze, Hitler si vide costretto ad autorizzare il ripiegamento della *4.Panzer-Armee* di Hoth e dell'*Armee-Abteilung Hollidt* oltre il Mius. Intanto l'avanzata dei sovietici verso Kharkov proseguiva mentre i reparti della *Das Reich* erano impegnati in durissimi combattimenti contro le forze di Rybalko a Prikolotnoye e Belyi Kolodez. Il 9 febbraio, la 40ª Armata sovietica, raggiunse Belgorod, a 70 Km da Kharkov, stabilendo una testa di ponte sul Donetz, mentre il 6° Corpo di cavalleria della Guardia si avvicinò a Merefa, a soli 15 chilometri da Kharkov. La perdita di Belgorod metteva in serio pericolo tutte le forze tedesche attestate sulla sponda orientale del Donetz, quindi il comando tedesco fu costretto ad ordinare un nuovo ripiegamento per evitare il loro annientamento. Ad est della città, anche i reparti della *Leibstandarte*, sempre agli ordini dell'*SS-Gruppenführer* Sepp Dietrich iniziarono a ripiegare in seguito all'offensiva lanciata dalla 3ª Armata corazzata sovietica. In quello stesso 9 febbraio 1943, dopo una lunga attesa presso la stazione di Stargard, a causa di un incendio a bordo di un vagone ferroviario, l'ultimo convoglio con i veicoli corazzati della *Leibstandarte* giunse a Kharkov, con sei *Tigre* e tre *Panzer III* del plotone di Wittmann.

Un *Pzkpfw.III Ausf J* del *leichtezug* a Poltava, Febbraio 1943.

Un altro *Pzkpfw.III* della *LAH* a Poltava.

Da qui, fu trasferito a Poltava e questi mezzi si ricongiunsero con il resto della compagnia solo all'inizio di marzo. Il 5 marzo 1943, la compagnia *Tigre* mosse proprio da Poltava verso l'area a circa trenta chilometri a nord di Krasnograd. Lungo la strada, il *Tigre* dell'*SS-Unterscharführer* Jürgen Brandt, prese fuoco improvvisamente per un problema al motore. Anche altri *Tigre* lamentarono guasti meccanici, restando indietro in attesa delle squadre riparazioni. Alla fine, solo quattro *Tigre* giunsero a destinazione. I reparti corazzati della *Leibstandarte* furono posti sotto il comando del Battaglione esploratori di Kurt Meyer. Durante la notte del 6 marzo, venne preparato l'attacco per la riconquista di Kharkov. Il 7 marzo, la *Tigerkompanie*, insieme con il *1.SS-Pz-Gren.Rgt.* dell'*SS-Staf.* Fritz Witt ed il Battaglione esploratori di Meyer raggiunsero Walki. Nel pomeriggio, il villaggio fu conquistato e venne stabilito il collegamento con il gruppo da combattimento motorizzato di Peiper più a nord.

L'8 marzo, l'attacco proseguì in direzione di Ogulzy e l'area di Lyubotin. Il 9 marzo, venne conquistata la posizione di Peresechnaja. Nel pomeriggio, il battaglione esploratori e la *Tigerkompanie* passarono alle dipendenze del *1.SS-Pz-Gren.Rgt.* di Witt.

Un *Pzkpfw III* in marcia durante la controffensiva di marzo.

Il 10 marzo, la marcia riprese in direzione di *Dergatschi*. Durante la notte giunse l'ordine per la riconquista di Kharkov per il giorno dopo. L'*SS-Obergruppenführer* Sepp Dietrich ricevette una telefonata da Hitler, dal comando del Gruppo Armate Sud a Zaporozhye, durante la quale chiese come stavano i suoi 'ragazzi' della *Leibstandarte*. Il *Führer* terminò la discussione con queste parole: "..*Se la mia* Leibstandarte *attaccherà con il suo abituale vigore, allora strapperemo Kharkov al nemico!*".

La *Tigerkompanie* ed il *1.SS-Pz-Gren.Rgt.* mossero alle 4:00 dell'11 marzo. Il gruppo da combattimento della *Leibstandarte* entrò nella città da nord-est dopo duri combattimenti. Durante la giornata, i primi reparti corazzati si spinsero fino alla piazza rossa della città. Tra il 12 ed il 13 marzo furono ridotti al silenzio gli ultimi focolai di resistenza nella città e nei suoi sobborghi.

Il 14 marzo, la radio tedesca annuncio: "*...L'Heeresgruppe Süd, che ha ricacciato il nemico nel corso della controffensiva al di là del Donetz, durante dei combattimenti che sono durati alcune settimane, ha riconquistato la città di Kharkov con un attacco avvolgente lanciato da nord ad est, dopo una lotta accanita durata diversi giorni, con dei gruppi di combattimento della* Waffen SS, *energicamente sostenuti dalla* Luftwaffe. *Le perdite in uomini e materiali del nemico non possono essere ancora valutati*". Il 17 marzo venne lanciato l'attacco contro Bjelgorod, al quale presero parte solo due *Tigre* della *Leibstandarte*, quello dell'*SS-Uscha.* Modes *(428)* e quello dell'*SS-Hstuf.* Kling *(405)* in appoggio al gruppo da combattimento guidato dall'*SS-Stubaf.* Peiper. La prima linea di resistenza sovietica, a circa sedici chilometri a nord di Kharkov, venne superata di slancio, grazie anche all'appoggio di un pesante fuoco di sbarramento dell'artiglieria e delle batterie lanciarazzi *Nebelwerfer*, oltre all'intervento dei bombardieri in picchiata *Stukas*.

Reparti corazzati del *Kampfgruppe Witt* entrano a Kharkov.

Una seconda linea anticarro sovietica venne annientata in quello stesso pomeriggio, dopo furiosi scontri tra le opposte forze corazzate ed i reparti di fanteria. Dopo una notte di riposo, al mattino dopo il *Kampfgruppe Peiper* tornò ad attaccare. Lungo la strada furono intercettati altri reparti nemici, ma furono neutralizzati senza particolari problemi e soprattutto senza subire notevoli perdite. La marcia di Peiper si arrestò solo verso mezzogiorno quando giunse fin dentro Bjelgorod, dove infuriarono gli ultimi scontri che misero fine anche all'ultima resistenza sovietica.

Al comando di un *Tigre*

Dopo la riconquista di Kharkov e Bjelgorod, i reparti della *Leibstandarte* si acquartierarono alla periferia della città. Con l'arrivo di cinque nuovi *Tigre* alla compagnia pesante corazzata, all'inizio dell'aprile del '43, Wittmann ottenne finalmente il comando di uno di essi e trasferito al comando del terzo plotone. La compagnia *Tigre* della *Lah* disponeva in quel momento di 22 veicoli, 17 *Tigre* (tre plotoni di cinque e due veicoli comando) e 5 *Panzer III*. Sempre all'inizio di aprile, l'Ispettore delle Truppe Corazzate tedesche, il *Generaloberst* Guderian ed il Generale Kempf visitarono i reparti della *Leibstandarte* a Kharkov. In mezzo alla piazza della città, ridenominata come *Platz der Leibstandarte*, c'era il *Tigre* del comandante della compagnia pesante. Guderian ispezionò il carro e l'*SS-Ustuf.* Wittmann rispose alle domande tecniche del generale insieme all'*SS-Hstuf.* Kling. La scelta di Wittmann non fu casuale, visto che era considerato uno dei migliori esperti del carro. Tra la fine di aprile e l'inizio di maggio i nuovi equipaggi continuarono l'addestramento, sotto la guida di Wittmann e del suo vecchio amico, l'*SS-Ustuf.* Helmut Wendorff. Alla fine di maggio, la *4.(schwere).Kompanie* venne ridenominata come *13.(schwere).Kompanie*. Come comandante del terzo plotone, il *Tigre* di Wittmann ebbe il *Turmnummer 1331* (tredicesima compagnia, terzo plotone, 1° carro).

Michael Wittmann

Festeggiamenti per il compleanno di Hitler, 20 aprile 1943: da sinistra l'*SS-Ustuf*. Wendorff, l'*SS-Ostuf*. Schütz e l'*SS-Ustuf*. Wittmann.

Composizione *Tigerkompanie* (13.SS-Pz.Rgt. 'LSSAH') 1° luglio 1943

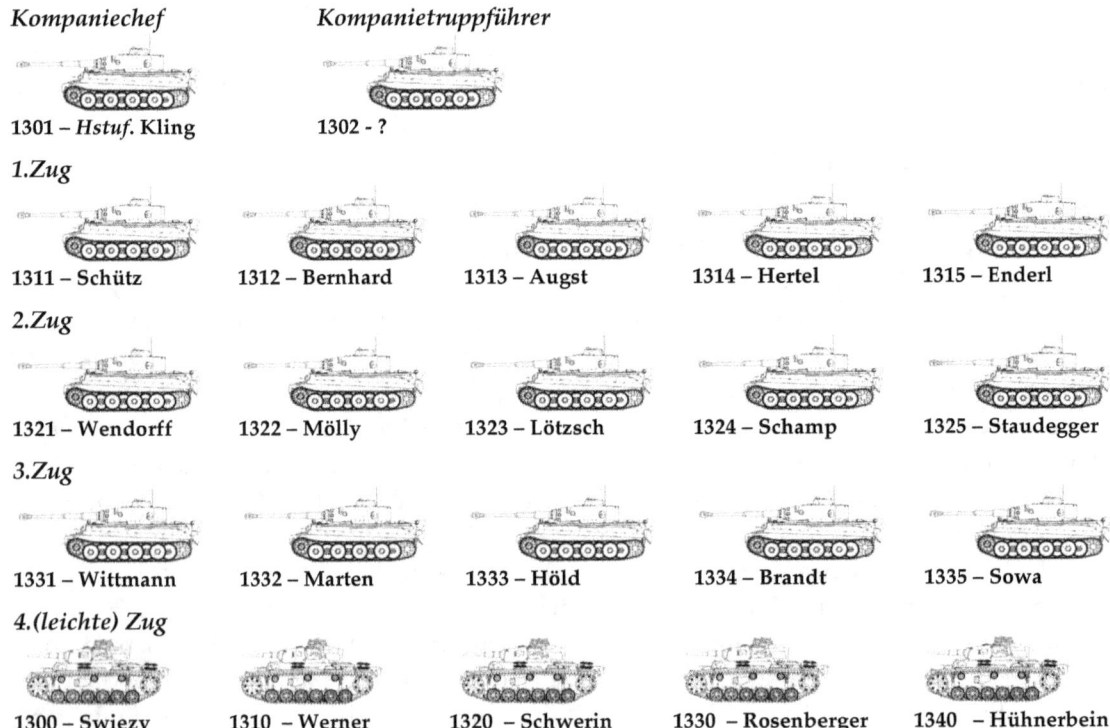

Kompaniechef

1301 – *Hstuf*. Kling

Kompanietruppführer

1302 – ?

1.Zug

1311 – Schütz   1312 – Bernhard   1313 – Augst   1314 – Hertel   1315 – Enderl

2.Zug

1321 – Wendorff   1322 – Mölly   1323 – Lötzsch   1324 – Schamp   1325 – Staudegger

3.Zug

1331 – Wittmann   1332 – Marten   1333 – Höld   1334 – Brandt   1335 – Sowa

4.(leichte) Zug

1300 – Swiezy   1310 – Werner   1320 – Schwerin   1330 – Rosenberger   1340 – Hühnerbein

Operazione *Zitadelle*

La riconquista di Kharkov aveva lasciato un profondo e massiccio saliente lungo la nuova linea del fronte, intorno all'area che circondava la città di Kursk. L'obiettivo della nuova offensiva tedesca sul fronte dell'Est, programmata per l'estate del 1943, era quello di eliminarlo attaccando contemporaneamente da nord e da sud. Le forze tedesche impegnate per l'operazione *Zitadelle*, comprendevano la 9ª Armata di Model (schierata a nord) e la 4ª Armata corazzata di Hoth (appoggiata dal distaccamento corazzato Kempf) a sud, appoggiate dai velivoli della 6ª Flotta aerea (von Greim) e della 4ª Flotta aerea (Dessloch): 900.000 uomini, 10.000 pezzi di artiglieria, 2.700 corazzati e 1.800 aerei. Le forze sovietiche comprendevano il Fronte Centrale (Maresciallo Rokossovsky), il Fronte di Voronezh (Maresciallo Vatutin) ed il Fronte della Steppa (Maresciallo Konev): 1.337.000 uomini, 20.000 pezzi di artiglieria, 3.300 corazzati e 2.650 aerei. Il braccio meridionale dell'operazione Zitadelle era formato dalla 4ª Armata corazzata e dall'*Armee-abteilung Kempf*, schierate rispettivamente ad ovest e sud-est di Belgorod. Di fronte a loro i russi avevano schierato la 6ª e la 7ª Armata della Guardia, a protezione delle due posizioni chiave di Oboyan e Korocha.

Maggio 1943, manutenzione di un carri *Tigre* sul fronte dell'Est.

La *4.Panzer-Armee* del Generale Hermann Hoth, comprendeva il *II.SS-Panzer-Korps* dell'*SS-Obergruppenführer* Paul Hausser (*LAH*, *Das Reich* e *Totenkopf*), il *XLVIII.Panzer-Korps* del Generale Schmidt Von Knobelsdorf, il *LII.Armee-Korps*. L'*Armee-Abteilung Kempf*, agli ordini del Generale Werner Kempf, comprendeva a sua volta il *III.Panzer-Korps*, il *XLII.Armee-Korps* ed il *XI.Armee-Korps*. La *4.Panzer-Armee* aveva la missione di sfondare le linee difensive sovietiche lungo il fronte di Voronezh per poi proseguire verso nord-est alfine di conquistare la posizione chiave di Prokhorovka. Eliminate le forze sovietiche nell'area, la La *4.Panzer-Armee* doveva dirigersi poi verso nord-ovest in direzione di Kursk per congiungersi con le forze della 9ª Armata di Model provenienti da nord. La missione del *II.SS-Panzer-Korps* era quella di penetrare la prima linea difensiva sovietica nel settore Sadelnoje-Beresov, attaccando con le tre divisioni SS ed un raggruppamento reggimentale della *167.Inf.Div*. Il 1° luglio, la *Leibstandarte* ricevette dal comando del Corpo SS i suoi ordini specifici per l'attacco: *"…l'SS-Pz.Gr.Div. 'LAH' rinforzata dal Gren.Rgt. 315 ed il II./Art.Rgt. 238, attaccherà le posizioni nemiche lungo la strada Tomarowka-Bykowka, proseguirà verso nord proteggendo il suo fianco sinistro conquistando le posizioni di Kamenyj-Log e Sadelnoje e penetrerà in forze ad est di Jakowlewo"*.

Inizia l'offensiva

Il 5 luglio, primo giorno dell'offensiva, gli undici carri *Tigre* operativi, agli ordini di Kling, mossero verso nord, puntando in direzione di Bykowka, con la missione di penetrare le difese sovietiche a sud e a nord della città. Le forze nemiche, comprendenti lanciafiamme, pezzi anticarro e carri *T-34*, erano ben organizzate. Durante i primi scontri, il *Tigre* di Wittmann mise fuori combattimento due *T-34*. Con gli altri due *Tigre* che riuscirono a distruggere numerosi pezzi anticarro ed altri *T-34*, i restanti carri nemici batterono in ritirata. Testimonianza di Walter Lau, caricatore nel Tigre di Staudegger:*"…quando iniziarono a cadere i primi colpi dell'artiglieria, i nostri* Tigre *stavano attraversando un piccolo ruscello, cosa che richiedeva una grande attenzione per i conducenti; i* Tigre *passarono tuttavia questo ostacolo facilmente. Non era ancora l'alba. I* Tigre *si trovarono presto su una vasta distesa. Durante questi primi minuti prima dell'inizio dell'assalto, le salve dei lanciarazzi (*werfer*) e gli attacchi degli* Stukas *furono molto impressionanti. Vidi per la prima volta il muro di fuoco delle batterie lanciarazzi, udii il loro terribile sibilo e quando il fumo delle salve dei werfer si dissipò, arrivarono le squadriglie di* Stukas*.*

Un carro *Tigre* sul fronte di Kursk, luglio 1943.

In quel momento i panzer *attaccarono. Dopo qualche centinaio di metri, un primo blocco ebbe luogo in prossimità del fossato anticarro, che il Reggimento Frey (1.SS-Pz.Gren.Rgt.) era in procinto di superare con l'appoggio dei genieri. Il primo panzer a passare il fossato fu quello del comandante del 3° plotone, l'Ustuf. Wittmann, subito seguito da quello dell'Ustuf. Wendorff"*.

Michael Wittmann

La giornata fu contrassegnata in ogni caso da alcuni eventi drammatici per Wittmann ed il suo equipaggio. Durante le continue sortite, il caricatore Walter Koch, rimase ferito alla testa. Il *Tigre* finì successivamente su una mina, danneggiando uno dei cingoli.

Gruppo di *Tigre* durante uno scontro a fuoco a distanza.

Koch fu quindi rimpiazzato dall'*SS-Panzerschütze* Max Gaube, mentre il *Tigre* fu riportato indietro per le riparazioni necessarie. Malgrado questi piccoli inconvenienti, il Tigre di Wittmann riuscì a distruggere otto carri e sette pezzi anticarro nemici. Per i successivi quattro giorni, la compagnia *Tigre*, Wittmann ed il suo equipaggio, il cannoniere Bobby Woll, il pilota Siegfried Fuss, il caricatore Max Gaube e l'operatore radio Karl Lieber, continuarono ad essere impegnati continuamente in prima linea, come si evince dalla proposta di assegnazione della Croce Tedesca in Oro ad Heinz Kling: "...*l'SS-Hstuf. Kling conquistò le posizioni sovietiche con tre Tigre operativi e conquistò la quota 243.2 verso mezzogiorno.*

Tigre '1311' della *Leibstandarte* sul fronte di Kursk.

I *Tigre avevano allora creato le condizioni per il proseguimento vittorioso dell'avanzata. Dei pezzi anticarro e dei blindati nemici erano stati già distrutti. Alle 13.15, i sovietici lanciarono da Jakowlewo, un attacco appoggiato da 38 corazzati control il 1.SS-Pz.Gr.Rgt. 'LAH'. La compagnia Tigre, aggregata al raggruppamento corazzato della* Leibstandarte, *partecipò al contrattacco distruggendo otto carri sovietici. Kling tentò allora di sfruttare il successo con i pochi Tigre rimasti: proseguì l'attacco impegnandosi a fondo e trovandosi all'avanguardia del raggruppamento corazzato conquistò le alture ad ovest di Prochorowka. Là, gli elementi di punta avevano effettuato una penetrazione di circa sette chilometri sul fianco sovietico. Durante questi due giorni, la sua compagnia distrusse 50 T-34, 1 KV-1, 1 KV-2, 43 pezzi anticarro"*. A partire dal 1 luglio iniziarono i movimenti verso l'area di Prokhorovka, dove i sovietici stavano ammassando numerose forze corazzate.

La battaglia di Prokhorovka

Nella tarda mattinata del 12 luglio, la battaglia di Prokhorovka raggiunse il suo apice. Il comandante della *Leibstandarte*, Theodor Wisch, si portò in posizione avanzata su una collina, per meglio osservare e controllare i movimenti dei suoi reparti.

Mappa operazioni del 12 luglio 1943.

La fanteria sovietica, appoggiata sempre dai carri, si spinse fuori della città per affrontare i *panzergrenadieren* della *Leibstandarte*. I panzer SS entrarono subito in azione respingendo la fanteria e distruggendo una quarantina di carri. Un'ora dopo il *Kampfgruppe* corazzato mosse verso nord-est per affrontare una nuova massa corazzata nemica, circa un centinaio di carri, che tentava di spingersi nella valle del Psel. I tre *Tigre* superstiti furono naturalmente posti davanti al *panzerkeil*. Dopo aver percorso solo un centinaio di metri, i carristi SS furono letteralmente caricati dai carri sovietici, l'ultima carica del XVIII° corpo corazzato di Rotmistrov, anticipando l'intera distruzione della 181ª brigata corazzata. Alla distanza di 1.800 metri, i carri *Tigre* potevano già colpire i carri sovietici, grazie alla loro gittata superiore.

Uno dopo l'altro, i *T-34* esplodevano trasformandosi in carcasse infuocate. I comandanti sovietici continuarono a lanciare carri nella fornace, incuranti delle pesanti perdite.

Tigre della *LSSAH* a Kursk, luglio 1943.

Alla distanza di mille metri ogni colpo di *Tigre* era un bersaglio sicuro, un ennesimo carro nemico distrutto. Più di dieci carri al minuto vennero messi fuori uso, ma ne arrivavano sempre altri. I sovietici cercavano di rispondere al fuoco, ma sparando in movimento avevano ben poche possibilità di fare centro. Durante gli scontri nell'area di Prokhorovka, Wittmann continuò a fare strage di carri nemici, almeno una trentina dopo cinque giorni di combattimenti. Per la prima volta dimostrò che il suo profondo senso tattico unito all'aggressività nell'azione, fossero una miscela votata al successo.

Tigre della *Leibstandarte* durante una pausa.

Durante questi scontri lo stesso Wittmann, rimase coivolto in un curioso incidente: nel bel mezzo della furiosa battaglia tra corazzati, un *T-34* si lanciò a tutta velocità contro il suo carro. Il *Tigre* di Wittmann sopravvisse all'impatto e riuscì ad allontanarsi in tempo prima che il carro sovietico esplodesse. La "*carica*" dei *T-34* sui *Tigre* era frutto di un preciso ordine di Rotmistrov che poteva sperare di veder annullata la maggiore capacità dei cannoni dei *Tigre* nelle lunghe distanze solo a distanza ravvicinata, dove il potere perforante dei cannoni da 76 sovietici era pressappoco equivalente ed inoltre i *panzer* tedeschi non avrebbero potuto assumere l'abituale schieramento tattico a detrimento della loro efficacia di reparto.

Carro Tigre fotografato da tergo, sul fronte di Kursk, luglio 1943.

Dal recosonto di un corrispondente di guerra: "*...La guerra non può più sfuggirgli, ora inizia il grande duello tra carri, la battaglia del ferro contro il ferro che eleva Wittmann ad alti livelli. Quando iniziò la grande battaglia egli riuscì subito a distruggere otto carri nemici. Wittmann dimostrò che poteva con una rapida avanzata, passando attraverso i campi, entrando nei villaggi, impegnarsi efficacemente in duelli corazzati. Travolse batterie di artiglieria, individuò e distrusse numerose e ben mimetizzate postazioni anticarro, così come qualsiasi altro ostacolo che gli si parasse davanti. Il suo istinto e la fortuna gli hanno permesso di sopravvivere a numerosi scontri mortali, senza riportare ferite gravi. Ancora ed ancora carri nemici bruciano dopo il suo passaggio ed alla fine del quinto giorno di battaglia, egli è riuscito a distruggere in totale, 30 T-34, 28 pezzi anticarro e due batterie di artiglieria*". La compagnia *Tigre* continuò a battersi con grande sacrificio ed abnegazione. Il 14 luglio, c'erano solo cinque mezzi operativi, numero che salì a nove il 17 luglio, quando Wittmann ed i suoi colleghi si ritirarono ad ovest di Bjelgorod. Alla fine di luglio, la *Leibstandarte* venne ritirata dalla prima linea per essere trasferita in Italia, dove la situazione politico-militare si era aggravata, dopo lo sbarco degli alleati in Sicilia.

Michael Wittmann

La *Leibstandarte* in Italia

In seguito all'aggravarsi della situazione militare e politica in Italia, dopo lo sbarco di alleato in Sicilia e la successiva destituzione di Mussolini da Capo del Governo, Hitler aveva ordinato il trasferimento di tutto il *II.SS-Panzer-Korps* nella nostra penisola, ma la difficile situazione sul fronte dell'Est, decretò il trasferimento della sola *Leibstandarte*. A partire dal 1° agosto 1943, i suoi primi elementi giunsero ad Innsbruck in Austria, dove la divisione si sarebbe dovuta raggruppare prima di trasferirsi in Italia. Nella serata di quella stessa giornata, lo stato maggiore divisionale ricevette dall'*Heeresgrupee B* l'ordine di prepararsi a marciare in direzione di Verona, passando per Trento. Il 5 agosto, venne raggiunta Verona mentre ad Innsbruck contemporaneamente giungevano i primi elementi del reggimento corazzato, per essere trasferiti in seguito a Parma e Reggio.

Un cacciacarri *Marder III* della *LAH* in una città italiana (NA).

Il 6 agosto, Teddy Wisch installò il suo quartier generale a Verona prima di spostarlo due giorni dopo verso Garda. Il 7 agosto, gli equipaggi del *II./SS-Pz.Rgt. 'LAH'* ricevettero i loro nuovi *PzKpfw. IV* nelle stazioni di Parma e Reggio. Vennero raggiunti tre giorni dopo dal *I./SS-Pz.Rgt. 'LAH'*, riequipaggiato con dei *PzKpfw. V 'Panther' Ausf. D*. I reparti della *Leibstandarte* già attestati nel settore Verona-Bolzano-Trento, furono subito impegnati in missioni esplorative per ottenere informazioni sulle truppe italiane che si trovavano nella pianura del Po, individuare i centri di comunicazione, controllare i ponti per verificarne la capacità di carico. Inoltre era necessario controllare se i posti di frontiera fossero occupati o meno. Il 9 agosto, la *7.Kp./SS-Pz.Rgt. 1* ricevette *22 PzKpfw. IV* nuovi a Modena. Il 10 agosto, il *I./SS-Pz.Rgt.1* (*SS-Stubaf.* Herbert Kuhlmann) giunse nel settore Parma-Reggio. Il Battaglione proveniva dal campo di Grafenwöhr, in Baviera, dove era stato completamente ricostituito ed equipaggiato con carri *Panther*. Nel frattempo, malgrado l'accordo tra l'OKW ed il Comando Supremo Italiano per la protezione comune dei passi alpini del Brennero, i tedeschi rilevarono che i reparti italiani stavano tentavano di cacciare i tedeschi fuori dalla zona fortificata, facendo affluire unità alpine, fino a quel momento due divisioni, e di occupare e sbarrare tutte le strade principali del Sud-Tirolo. Erano segnali che facevano pensare ad un prossimo tradimento politico del governo italiano e del suo esercito, possibile in qualsiasi momento. I comandanti di reparto tedeschi ricevettero l'ordine di restare in permanente allerta presso le loro unità. Tra il 10 ed il 13 agosto, 27 nuovi *Tiger I* giunsero alla stazione di Reggio, tra cui due *Befehlstiger* (carri comando) per la *Leibstandarte*.

Gruppo di *Tigre* della *LAH* in Italia. In primo piano l'S33.

Durante i successivi giorni, i reparti continuarono ad essere impegnati in missione esplorative. Il 25 agosto, il comandante della *Tigerkompanie*, l'*SS-Hstuf.* Kling, fece ritorno alla sua unità dopo un periodo di convalescenza, per rimettersi dalle ferite subite durante i combattimenti a Kursk. Fu decorato con il Distintivo per Feriti in Oro il giorno dopo.

L'*SS-Hstuf.* Kling, a sinistra, con l'*SS-Hscha.* Habermann.

L'unità era stata scissa in due compagnie distinte, agli ordini rispettivamente di Kling e dell'*SS-Ustuf.* Helmut Wendorff. Inoltre Kling venne designato per la futura organizzazione dello *Schwere SS-Panzer Abteilung 101*, il nuovo battaglione corazzato pesante autonomo, assegnato al *I.SS-Panzer-Korps*, che avrebbe integrato in seguito la stessa compagnia Tigre della *LSSAH*. In attesa della sua completa formazione, la compagnia continuò ad essere impegnata alle dipendenze della divisione. Wittmann assunse il comando del secondo plotone della nuova *Tigerkompanie*. I Tigre ebbero una nuova numerazione: il numero 13 (in riferimento alla compagnia) venne rimpiazzato dalla lettera 'S' (*Schwere*). Come comandante del 2° plotone, il *Tigre* di Wittmann ricevette il *Turmnummer S21*.

Helmut Wendorff.

Composizione *Tigerkompanie* (*13.SS-Pz.Rgt. 1*) 1° novembre 1943

Kompaniechef   *Kompanietruppführer*

S05 – *Hstuf*. Kling   S04 – *Oscha*. Krohn

1.Zug

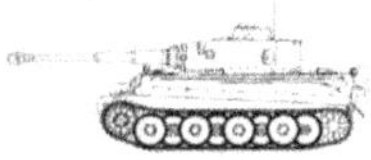

S11 – Wendorff    S12 – Höld    S13 – Rosenberg    S14 – Augst    S15 – Hühnerbein

2.Zug

S21 – Wittmann    S22 – Mölly 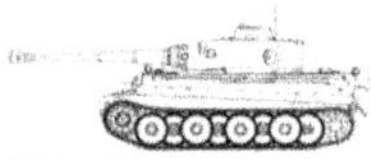   S23 – Höflinger 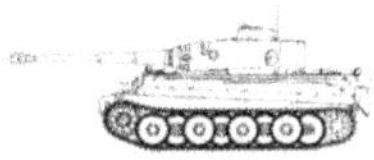   S24 – Brandt 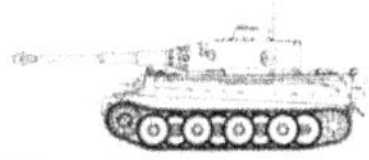   S25 – Kleber

3.Zug

S31 – Kalinowsky 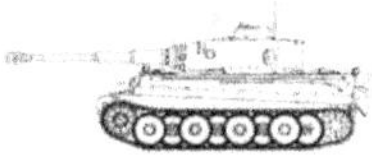   S32 – Stadler 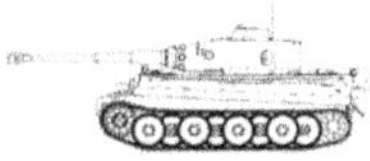   S33 – Lötzsch 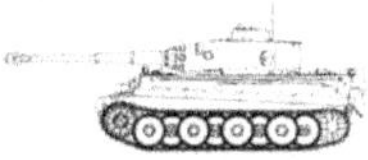   S34 – Kunze 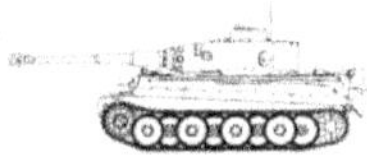   S35 – Sadzio

4.Zug

S41 – Hahn 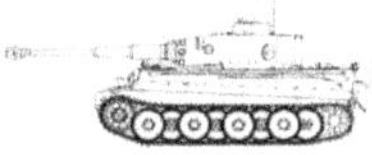   S42 – Sowa    S43 – Schwerin    S44 – Langner    S45 – Stief

5.Zug

S51 – Hartel 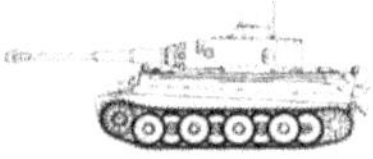   S52 – Bard    S53 – Behrens 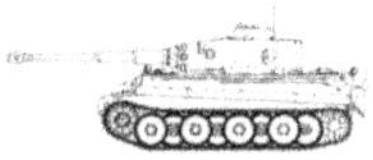   S54 – Werner    S55 – Cap

Michael Wittmann

Fronte dell'Est, inverno 1943-1944

La *1.SS-Panzer-Division 'Leibstandarte Adolf Hitler'*, ritornò sul fronte dell'Est, dopo l'impegno sul fronte italiano e sloveno, portandosi dietro soprattutto il suo nuovo *Panzer Regiment*, equipaggiato con 95 *Panther*, 96 *PzKpfw IV* e 27 *Tiger I*, per prendere parte alla controffensiva pianificata da von Manstein sul fronte del Dnieper. All'attacco, avrebbero preso parte anche due divisioni corazzate dell'esercito, la *1.Pz.Div.* e la *25.Pz.Div.* C'erano inoltre elementi di altre tre divisioni corazzate: la *Das Reich* (il *Kampfgruppe Das Reich*), la *7.Pz.Div.* e la *19.Pz.Div.*

Tigre della *Leibstandarte* sul fronte dell'Est, novembre 1943.

Il *Kampfgruppe Das Reich* schierava da parte sua 22 *PzKpfw IV*, 6 *PzKpfw III* e 10 *Tiger I*. Per guidare l'attacco, Manstein si affidò al Generale Hermann Balck, comandante veterano delle unità corazzate tedesche. Il suo *XXXXVIII.Pz.Korps* disponeva sulla carta di circa cinquecento carri per l'operazione, ma erano necessarie ancora alcune settimane per poter organizzare e raggruppare tutti i reparti. Alla fine della prima settimana di novembre, Manstein ordinò alle sue forze di raggrupparsi intorno alla città di Fastow, sul fianco sinistro del fronte d'attacco dei sovietici. Serviva ancora un'altra settimana per completare l'organizzazione dei vari reparti, ma nello stesso tempo, era necessario rendere l'area sicura. Le sole forze disponibili in quel momento, elementi della *25.Pz.Div.* e della *Das Reich*, furono impegnate subito a tenere lontane le forze nemiche. Il loro sacrificio permise a Balck di completare il dispiegamento delle forze per l'imminente controffensiva, che venne lanciata il 15 novembre. I panzer della *Leibstandarte* avanzarono senza incontrare alcuna resistenza, cogliendo i sovietici di sorpresa. L'*SS-Stubaf.* Joachim Peiper era al comando dell'*SS-Pz.Rgt.1* e ben presto i suoi reparti si ritrovarono al centro dell'azione. La *Leibstandarte* costituiva uno dei due gruppi di assalto, che dovevano avanzare colpendo sul fianco il 1° Fronte Ucraino, per circondare ed annientare i gruppi corazzati della 3ª Armata corazzata sovietica. La *Das Reich* e la *25.Pz.Div.* dovevano invece coprire il fianco sinistro della *Leibstandarte*, quando questa si sarebbe mossa verso nord. Con i reparti della *LSSAH* erano stati formati due *Kampfgruppen*, costruiti intorno ai due *panzergrenadier Regimenter*. Ciascun gruppo da combattimento disponeva di un battaglione corazzato ed uno di cannoni d'assalto. Con i *Tigre* e gli *StuG* all'avanguardia, i *Kampfgruppen* penetrarono profondamente nella sottile linea difensiva sovietica, proseguendo verso nord.

Reparti motorizzati e corazzati *Leibstandarte* in marcia tra il fango del Fronte dell'Est.

L'*SS-Pz.Gr.Rgt.2* venne invece bloccato intorno alla città di Brusilov, da due corpi corazzati ed un corpo di cavalleria sovietici. Per superare questo ostacolo, il *I./SS-Pz.Rgt.1* insieme con l'*SS-Pz.Gr.Rgt.1*, effettuarono una manovra aggirante verso ovest. I *Panther* dopo aver travolto il comando di una divisione fucilieri sovietica, girarono verso est e si spinsero verso Brusilov da nord. Questo *Kampfgruppe* rappresentava il braccio interno della tenaglia, mentre la *1.Pz.Div.* che avanzava in parallelo spingendosi verso sud, formava quello esterno.

L'*SS-Stubaf.* Peiper durante una riunione con i suoi comandanti di reparto, novembre '43.

Le colonne di assalto tedesche lasciarono le strade principali per marciare attraverso le foreste, per poter meglio circondare i gruppi isolati di carri sovietici. Il *Tigre* di Wittmann, malgrado la forte superiorità nemica, riuscì a distruggere più di 24 veicoli e pezzi anticarro nemici. Il 21 novembre, benché fosse febbricitante, Wittmann decise di continuare a condurre il suo *Tigre*. In quella stessa giornata, il suo cannoniere, l'*SS-Sturmmann* Bobby Warmbrunn, riuscì a distruggere un totale di 13 *T-34* e sette pezzi anticarro. Il nemico contrattaccò ma i Panzer SS ebbero la meglio. Quando le unità corazzate tedesche giunsero a Brusilov, i sovietici lanciarono nuovi disperati contrattacchi, facendo intervenire altre brigate corazzate. I *Tigre*, i *Panther* e gli *StuG* respinsero i sovietici, distruggendo numerosi carri. Il balzo finale per chiudere l'anello intorno alle forze nemiche venne effettuato il 22 novembre, sempre con i panzer della *LSSAH* all'avanguardia. L'*SS-Stubaf.* Peiper, alla guida di un gruppo d'assalto composto da *PzKpfw IV* e granatieri corazzati su semicingolati, condusse l'avanzata da nord per stabilire il collegamento con le avanguardie della *1.Pz.Div.* nei sobborghi a nord di Brusilov. Peiper si lanciò in avanti, ma la sua corsa venne rallentata dal terreno paludoso a nord della città. Il suo *Kampfgruppe* distrusse durante questi scontri, nove *T-34* e ventiquattro pezzi anticarro, respingendo contemporaneamente un altro tentativo nemico di aprire una breccia per le forze intrappolate a Brusilov. Altre unità dell'esercito tedesco vennero impegnate per annientare la sacca. Tuttavia migliaia di soldati sovietici riuscirono a fuggire attraverso le foreste.

Verso Radomyschl

Dopo Brusilov, la *Leibstandarte* venne raggruppata per un ulteriore balzo verso nord, in direzione della città di Radomyschl, fortemente difesa dai sovietici. L'attacco doveva iniziare il 29 novembre. Il *Panzer Regiment* di Peiper ed il Battaglione esploratori guidarono l'assalto.

Scontri corazzati nell'area di Brusilov, novembre 1943.

I suoi *Tigre* penetrarono attraverso un *Pak-front* a sud di Radomyschl. Wittmann distrusse tre *T-34* ed una batteria anticarro nei pressi della città di Tortschin. Secondo la testimonianza dell'*SS-Sturmmann* Walter Lau: "*...Wittmann distrusse il nemico con un furioso fuoco di sbarramento prima di passare attraverso le posizioni nemiche, attaccando le sue linee di rifornimento come un lupo, distruggendo un'intera colonna di veicoli...*". Quando la resistenza nemica fu sul punto di crollare, giunse improvvisamente l'ordine di trasferire alcuni reparti per arginare una nuova minaccia da sud. Il *XXXXVIIII.Pz.Korps* dovette spostarsi quindi verso ovest, andando incontro ai sovietici, alfine di colpire il loro fianco occidentale. Nello stesso tempo, le divisioni di fanteria tedesche lanciarono attacchi diversivi lungo l'intero fronte, per attirare l'attenzione nemica verso sud. Con la pianura ucraina totalmente immersa in una morsa di ghiaccio, i reparti della *Leibstandarte* mossero di notte, tra il 5 ed il 6 dicembre, per evitare la ricognizione aerea nemica, spingendosi verso l'area a nord di Zhitomir.

Colonna di *Panther* della *Leibstandarte*.

Per sei ore, Peiper avanzò senza incontrare resistenza nelle retrovie nemiche, distruggendo numerose batterie di artiglieria ed altrettanti depositi di armi e munizioni. I suoi *Tigre* tesero mortali imboscate ad alcuni convogli di rifornimenti, annientandoli a colpi di cannone. L'attacco dei reparti SS contro Radomyschl riprese dunque il giorno dopo: Peiper spinse i suoi reparti in avanti per altri trentadue chilometri, tagliando la strada a nord della città. Proseguì poi verso sud per raggiungere i sobborghi della stessa, prima di girare verso est per chiudere l'anello intorno a ciò che restava delle forze sovietiche. I granatieri corazzati SS subito dietro ai panzer, formarono a loro volta un anello di ferro intorno alla città, respingendo i numerosi tentativi sovietici di portare aiuto alle forze intrappolate. Il 9 dicembre, il *Tigre* di Wittmann, accompagnato da altri due carri, subì un'imboscata da parte di una ventina di carri sovietici nelle vicinanze della città di Meshiritschka. Superato l'iniziale momento critico, i *Tigre* volsero a loro favore la situazione ed il cannoniere di Wittmann, Bobby Woll, distrusse sei *T-34* con il potente cannone da 88mm. Per almeno una settimana, la *Leibstandarte* cinse d'assedio la città di Radomyschl. Nello stesso tempo, i suoi panzer furono impegnati a respingere gli attacchi nemici a nord della città. Seguirono duri ed estenuanti combattimenti, che fecero registrare pesanti perdite in seno alla divisione.

Battaglia a Meleni

La ricognizione aerea tedesca aveva nel frattempo avvistato un'altra forza corazzata nemica a nord-ovest, intorno all'area di Meleni. Balck fece nuovamente rientrare l'attacco su Radomyschl. La *Leibstandarte* e la *1.Pz.Div.* furono destinate ad effettuare una nuova manovra a tenaglia. Marciando sempre di notte, i reparti mossero verso nord per raggrupparsi ad ovest delle forze sovietiche e prepararsi all'azione per il 19 dicembre. Da est, la *7.Pz.Div.* attaccò per chiudere la morsa. L'attacco iniziò sotto il fuoco di copertura dell'artiglieria e di numerose batterie *Nebelwerfer*. Inizialmente i granatieri SS sorpresero i sovietici, conquistando numerose trincee con poco sforzo. Quando però i panzer mossero in avanti, incapparono in un *Pak-front*, rendendo necessario l'intervento delle batterie *Flak* da 88mm per vincere il mortale duello. Durante la giornata successiva il gruppo corazzato della *Leibstandarte* si spinse ancora più avanti con i suoi *Tigre*, scontrandosi con una nuova formazione corazzata nemica. Negli scontri che seguirono andarono persi numerosi mezzi, lasciando la divisione con soli venti carri ancora operativi, tra i quali tre *Tiger I*. Per contro erano stati distrutti diciassette *T-34*, quattro cannoni d'assalto e quarantaquattro pezzi di artiglieria nemici. Il 21 dicembre, durante una nuova battaglia corazzata, i panzer della *LSSAH* distrussero altri ventuno *T-34*, dopodiché il *Panzer Regiment* fu ritirato dalla prima linea. Il 22 dicembre, Balck annullò ogni ulteriore azione offensiva, per poter impegnare le sue restanti forze corazzate per parare una nuova minaccia nemica a sud del settore difeso dal *XXIV.Pz.Korps*. Il 24 dicembre, i sovietici ritornarono ad attaccare investendo il settore del *XXXXII.Pz.Korps*. Nello stesso tempo, Balck tentò di sganciare il *XXXXVIII.Pz.Korps* dal fronte di Meleni. Il capo di stato maggiore del Corpo, il *Major-General* Mellenthin guidò personalmente un gruppo corazzato, composto da elementi della *Leibstandarte* e della *1.Pz.Div.*, per eliminare una pericolosa penetrazione dei sovietici sul fianco destro del Corpo. Successivamente, mentre la *1.Pz.Div.* fu impegnata ad est di Zhitomir per ristabilire il collegamento con le forze del *XXIV.Pz.Korps* rimaste tagliate fuori, la *Leibstandarte* fu inviata a sud della città per bloccare l'avanzata di altri reparti sovietici.

Helmut Wendorff.

La difesa di Zhitomir

I reparti della *1.Pz.div.* e della *Leibstandarte* giunsero a Zhitomir solo il 26 dicembre. Da qui dovevano spingersi verso sud per rinforzare la posizione di Kazatin. L'attacco iniziò il giorno dopo. I reparti corazzati di Balck si trovarono di fronte una forza nemica di circa ottocento carri che avanzava verso nord. Pur essendo nettamente inferiori di numero, i panzer tedeschi non evitarono lo scontro, riuscendo a distruggere una ottantina di carri nemici, prima di essere costretti a ripiegare. Verso sera i sovietici entrarono dentro Kazatin. I reparti della *1.Pz.Div.* furono nuovamente inviati verso sud per riprendere la città, mentre la *Leibstandarte* fu inviata nell'area di Berditchev per fermare una colonna corazzata sovietica che dirigeva verso Zhitomir. Una compagnia *Panther* dell'*SS-Pz.Rgt.1* colpì sul fianco la brigata corazzata nemica, distruggendo una ventina di *T-34*, prima di disperderla completamente. Anche il plotone *Tigre* dell'*SS-Ustuf.* Helmut Wendorff partecipò all'azione, distruggendo altri undici carri nemici. Il 29 dicembre i sovietici attaccarono in forze, con più di centocinquanta carri, il fronte difeso dalla *Leibstandarte*. In quel momento la divisione disponeva solo di quattro *Tigre*, otto *PzKpfw IV*, diciassette *Panther*, quindici *StuG* e quattro *Marder*. Due cannoni d'assalto ed alcuni pezzi *Flak* da 88mm parteciparono ai combattimenti difensivi. Alla fine della giornata, erano stati distrutti almeno un'altra sessantina di carri nemici: dodici di essi furono distrutti dall'*SS-StuG.Abt.1* ed in particolare dall'*SS-Oscha.* Fritz Henke, comandante di plotone nella *3.Bttr./SS-Stug.Abt.1*. Altri undici carri furono distrutti ancora dall'*SS-Ustuf.* Wendorff. Henke e Wendorff riceveranno in seguito la Croce di Cavaliere (il 12 febbraio 1944). I reparti tedeschi continuarono a difendere l'area di Berditchev fino al 31 dicembre. La *Leibstandarte* venne ritirata ad ovest della città ai primi di gennaio e da qui venne trasferita verso nord per tentare di chiudere una nuova breccia nel fronte difensivo. Per circa due settimane la divisione continuò ad essere impegnata in una serie di battaglie difensive corazzate, neutralizzando i tentativi di incursione nemica dietro le linee tedesche.

La concessione della *Ritterkreuz*

Alla fine di dicembre l'*SS-Ustuf.* Michael Wittmann assunse temporaneamente il comando della *13.SS (Schwere) Kp/SS-Pz-Rgt 1 LSSAH*. Al 2 gennaio 1944, aveva 12 *Tigre* ai suoi ordini. Nei successivi giorni, continuarono gli scontri con le forze nemiche. Lo scontro più importante si verificò però solo durante la notte tra il 7 e l'8 gennaio, intorno all'area di Sherepki. Ingaggiando il nemico con il suo stile inimitabile, spregiudicato ed aggressivo, Wittmann ed il suo equipaggio distrussero tre carri ed un pezzo anticarro sovietici. In totale, durante quell'azione, la *Leibstandarte* distrusse 33 *T-34* e sette cannoni d'assalto nemici. Il giorno dopo Wittmann guidò ancora un nuovo contrattacco, distruggendo altri sei carri nemici.

Woll (a sinistra) e Wittmann dopo la cerimonia per la consegna della *Ritterkreuz*.

Michael Wittmann

L'equipaggio del Tigre di Wittmann.

In meno di sei mesi, aveva così totalizzato 66 carri distrutti. Dopo due giorni di intensi combattimenti, tra l'8 ed il 9 gennaio, durante i quali Wittmann distrusse altri nove carri ed un pezzi anticarro nemici, il 10 gennaio l'asso dei carri venne finalmente raccomandato dal suo comandante divisionale, l'*SS-Oberführer* Theodor Wisch, per la prestigiosa Croce di Cavaliere. Nel documento ufficiale si legge: "...*l'SS-Untersturmführer Wittmann, comandante di plotone della 13.(s)./SS-Pz.Rgt. LSSAH, ha personalmente distrutto 56 carri nemici nel periodo tra il luglio del '43 ed il 7 gennaio 1944, inclusi numerosi KV-1, KV-2, Sherman e soprattutto T-34.*

Durante una penetrazione nemica nei pressi di Sherepki condotta da una brigata corazzata sovietica l'8 gennaio 1944, lui ed il suo plotone sono riusciti a bloccare l'attacco e a distruggere altri tre T-34 ed un cannone d'assalto. Il 9 gennaio 1944 egli distrusse altri 6 T-34 durante una nuova penetrazione nemica portando il suo totale di carri distrutti a 66. Egli riuscì ancora una volta a dimostrare eccezionale coraggio nell'intercettare e bloccare l'attacco corazzato nemico. Firmato Wisch, SS-Oberführer e comandante divisionale". Tra il 10 gennaio, giorno della raccomandazione per la *Ritterkreuz* e la sua consegna quattro giorni dopo, l'*SS-Ustuf.* Wittmann continuò a fare strage di carri nemici. In questo breve periodo, il *Tigre* di Wittmann distrusse 22 carri sovietici, portando il suo totale complessivo a 88. Solo tra il 12 ed il 13 gennaio, Wittmann ed il suo equipaggio distrussero sedici carri *T-34* e tre pezzi anticarro. In quello stesso periodo, Wittmann lamentò la perdita di un dente, a causa di un incidente a bordo di una *Schwimmwagen* (altre fonti riferiscono che lo perse urtando con la testa contro la cupola del suo *Tigre* dopo aver superato un ostacolo). Nel primo pomeriggio del 13 gennaio 1944, i *Tigre* della *LSSAH* ed il gruppo corazzato dell'*SS-Stubaf.* Peiper si raggrupparono nell'area ad ovest di Smela per un attacco verso nord-est, con l'obiettivo di annientare le forze nemiche intorno alla fattoria collettiva di Chutorisko e conquistare la posizione di Krasnopol. I panzer SS irruppero in mezzo ai reparti sovietici proprio mentre questi si stavano ritirando. Negli scontri che seguirono furono annientati ben due reggimenti sovietici. Verso le 14:00 il gruppo corazzato della *LSSAH* giunse a Krasnopol proseguendo l'avanzata fino a Molotschi. Wittmann distrusse diversi carri armati nemici durante questa operazione. Il 14 gennaio 1944, l'*SS-Ustuf.* Wittmann fu decorato con la Croce di Cavaliere. In quella stessa giornata il Bollettino di guerra della *Wehrmacht* riportò: "*...Il 9 gennaio 1944 sul fronte dell'Est, l'SS-Ustuf. Wittmann, membro di una divisione Panzer SS, ha distrutto il 66° carro armato nemico con il proprio Tigre*". Non ci fu tempo per una celebrazione in grande stile, vista la gravità della situazione al fronte. A tal proposito, l'*SS-Sturmmann* Walter Lau, cannoniere nel *Tigre* di Helmut Wendorff, ricorda: "*Tornammo dal fronte quel giorno con 4 o 5 Tigre sotto il comando dell'SS-Untersturmführer Wittmann e li parcheggiammo in una via del villaggio. Poco dopo ci fu ordinato di schierarci nella piazza antistante una grossa fattoria collettiva. Dei circa 14 uomini, alcuni dovettero rimanere indietro a guardia dei nostri Panzer. Eravamo schierati a semicerchio quando una Kubelwagen che portava le insegne del Comando divisionale arrivò dal lato opposto della piazza. Era il nostro comandante di divisione, l'SS-Oberführer Teddy Wisch. Io ero all'estremità del semicerchio e Wittmann mi ordinò di andare a chiamare il comandante del nostro reggimento, l'SS-Sturmbannführer Peiper, il cui posto di comando era in una casa russa a circa un centinaio di metri di distanza. Raggiunta la casa-comando, riferii velocemente all'SS-Sturmbannführer Peiper che il comandante di divisione era arrivato su una Kubelwagen che probabilmente aveva guidato di persona. Poco dopo Peiper informò Wisch che gli equipaggi dei Tigre, ancora schierati a semicerchio, erano tutti presenti. Wisch allora pronunciò parole di grande apprezzamento per l'operato dell'unità Tigre della LSSAH in generale e di Wittmann in particolare. Poi Teddy Wisch mise la Ritterkreuz al collo di Michael Wittmann. Seguirono calorose strette di mano da parte di Wisch e di Peiper a tutti noi. E questo fu tutto; era durato solo pochi minuti. La situazione a pochi chilometri di distanza era critica, non c'era il tempo per una grossa celebrazione*".

'Bobby' Woll.

Non solo fortuna

I successi straordinari di Wittmann in quell'inverno del 1943/44 non erano dovuti al caso, ma il frutto delle sue grandi capacità di muoversi sul campo, l'estrema cautela e precisione con cui preparava le azioni. Da quando era passato al comando della *Tigerkompanie* le sue responsabilità erano aumentate e ne era ben consapevole. Nessun altro comandante di carri preparava le missioni come faceva lui: alla vigilia di ogni successiva azione se ne stava spesso seduto per ore a studiare le mappe operative, per valutare tutti i rischi ed i pericoli. Nello stesso tempo, Wittmann amava ascoltare le opinioni degli altri comandanti di carro con esperienza, per poter prendere la decisone finale. Niente veniva lasciato al caso. Tutti quelli che incontravano il comandante Wittmann, alla vigilia di ogni azione, avevano spesso l'impressione che la sua mente fosse assente, visto che se ne stava seduto in disparte, prima di andare a controllare i suoi Tigre, tra il freddo e la neve. I suoi successi erano il frutto di tutta l'esperienza maturata nei mesi precedenti; i suoi ordini arrivavano veloci e precisi tanto da indurre molti ad avere la sensazione che fossero dati in totale naturalezza. Un osservatore scrisse: "*...quando sedevo nel suo Tigre, avevo la sensazione che* *niente potesse distrarlo, e che fosse impossibile per lui cadere in una trappola. Tutto questo era il risultato del grosso lavoro svolto precedentemente, delle ore passate in silenzio anche quando era in mezzo a noi oppure quando camminava solo nell'officina riparazioni di notte perso nei suoi pensieri"*.

Nuovi combattimenti

Wittmann con la *Ritterkreuz*.

Il 15 gennaio 1944 i reparti della *Leibstandarte* presenti a Krasnopol presero contatto con il gruppo corazzato del *Kampfgruppe "Das Reich"*. Entrambi i gruppi corazzati ricevettero l'ordine di spingersi ulteriormente verso nord-ovest in direzione di Ljubar. L'avanzata del *Kampfgruppe SS* venne bloccata lungo il percorso da un pesante fuoco di sbarramento da parte di numerosi pezzi anticarro e di mortai pesanti sovietici. Durante questi due giorni di combattimento, furono distrutti dai carri tedeschi, 6 carri armati, 20 cannoni anticarro, 60 cannoni, 32 camion e diversi altri veicoli nemici. Il 16 gennaio 1944, anche il cannoniere di Wittmann, l'*SS-Rottenführer* Balthasar Woll[1] ricevette la *Ritterkreuz*, come *Richtschütze* della *13.(schw.)/SS-PzRgt 1 "LSSAH"*. I suoi successi furono superiori a quelli di tutti gli altri cannonieri della compagnia *Tigre* della *LAH* durante le battaglie invernali sul fronte ucraino. Woll svolse un ruolo importante nei successi di Wittmann e spesso verificò che inquadrasse dei bersagli ancora prima che il suo comandante li avesse trasmessi. Come membro dell'equipaggio di Michael Wittmann, i successi di Woll furono superiori a quelli degli altri cannonieri della compagnia *Tigre* della *Leibstandarte* durante le battaglie invernali che iniziarono nel novembre del 1943 sul fronte ucraino. Al 13 gennaio 1944 Woll aveva al suo attivo ottanta carri armati nemici distrutti oltre a 107 cannoni anticarro. Woll era un vero maestro nell'impiego del temibile cannone da 88. Sicuro delle capacità di Woll, Wittmann potè frequentemente ingaggiare il nemico anche in condizioni di grande inferiorità numerica. I due formavano un duo affiatato, con Bobby Woll che sapeva interpretare le mosse di Wittmann alla lettera. Mentre gli altri membri dell'equipaggio erano spesso soggetti a rotazione, il capocarro ed il cannoniere restarono insieme ogni volta che la situazione lo permetteva. Il capocarro di un *Tigre* era strettamente legato al suo cannoniere e le loro azioni dovevano sempre essere coordinate alla perfezione. Gli altri membri dell'equipaggio di Wittmann nel gennaio 1944 erano l'*SS-Panzeroberschütze* Werner Irrgang (operatore radio), l'*SS-Sturmmann* Eugen Schmidt (pilota) e l'*SS-Panzerschütze* Sepp Rossner (caricatore o servente). Gli uomini della *13.(schwere).Kp/SS-Pz.Rgt.1* erano diventati ormai una leggenda all'interno della divisione grazie ai numerosi successi ottenuti. Nel periodo compreso tra il 5 dicembre 1943 ed il 17 gennaio 1944 i pochi *Tigre* operativi, avevano distrutto 146 carri armati nemici e 125 cannoni anticarro.

Il 17 gennaio 1944, l'*SS-Stubaf.* Peiper trovò il tempo per compilare una raccomandazione per la concessione della *Ritterkreuz* all'*SS-Ustuf.* Helmut Wendorff, per i suoi successi nei combattimenti tra il 27 ed il 28 dicembre 1943. A riguardo, l'*SS-Brigdf.* Teddy Wisch, aggiunse nella sua nota a questa raccomandazione: *"...l'SS-Untersturmführer Helmut Wendorff si è particolarmente distinto in ogni giorno di combattimento mostrando singolari doti di capacità e coraggio. Egli dimostrò un coraggio ed uno spirito di iniziativa fuori del comune il 28 dicembre in particolare, quando, dopo che i rimanenti tre Tigre del suo plotone furono messi fuori combattimento, egli si diresse da solo verso un forte gruppo di corazzati nemici che si erano infiltrati ad Antopol-Bojarka, respingendo il loro attacco e distruggendone ben undici"*.

Carri *Tigre* sul fronte ucraino, gennaio 1944.

Anche lo stesso comandante della compagnia, l'*SS-Hstuf.* Heinz Kling fu raccomandato per la Croce di Cavaliere, che gli fu concessa il 23 febbraio 1944. Il 19 gennaio, i reparti della *Leibstandarte* furono rilevati dalle loro posizioni da quelli della *371.Inf.Div.*, per essere trasferiti nell'area di Chmelnik-Kostantinoff-Djakowzy. Il 22 gennaio, giunse l'ordine di raggiungere il settore del *XLVI.Pz.Korps* del Generale Gollnick, a nord di Vinnitza, per partecipare ad una nuova controffensiva ad est della stessa città.

Reparti tedeschi impegnati sul fronte ucraino.

Michael Wittmann

Foto ufficiale di Michael Wittmann, con la Croce di Cavaliere con Fronde di Quercia.

30 gennaio 1944, l'incontro con Adolf Hitler.

Le Fronde di Quercia

Alla fine di gennaio, il totale complessivo di carri distrutti da Wittmann raggiunse la incredibile cifra di 100 successi. Il 30 gennaio 1944, giunse dal Quartier Generale del *Führer* un telegramma, con il quale si confermava la concessione delle Fronde di Quercia per la sua Croce di Cavaliere:

"*...come 380° soldato della* Wehrmacht". Oltre alla decorazione, giunse anche la promozione al grado di *SS-Obersturmführer*. In quella stessa giornata, Wittmann volò alla volta del Quartier Generale del *Führer* a Rastenburg, per ricevere la decorazione direttamente dalle mani di Adolf Hitler. Il comando della *13.(schwere).Kp/SS-Pz.Rgt.1* passò quindi all'*SS-Ustuf.* Helmut Wendorff. All'inizio di febbraio i reparti della *Leibstandarte* furono impegnati nell'azione di rilievo in soccorso delle truppe tedesche circondate nella sacca di Korsun/Cerkassy. Durante l'azione, Wittmann fece altre nove vittime. Questa fu anche l'ultima sua azione sul fronte dell'Est, visto che la divisione venne trasferita subito dopo in Belgio per essere riorganizzata.

Note

[1] Balthasar Woll, chiamato anche "Balthy" o "Bobby" dai suoi amici, nacque il 1° settembre 1922 a Wemmetsweiler nella Saar. Figlio di un operaio, praticò il mestiere di elettricista prima di arruolarsi nella *Waffen SS* il 15 agosto 1941 come volontario. Bobby Woll combattè in una squadra di mitragliatrici pesanti nella *3.Kp/1.SS-Infanterie-Regiment "Totenkopf"* nella sacca di Demjansk, dove fu ferito ed evacuato in un ospedale militare in Germania. Il 23 luglio 1942, l'*SS-Oberschütze* Woll ricevette la Croce di Ferro di Seconda Classe e tre giorni dopo il distintivo per feriti di guerra in nero. Subito dopo la convalescenza, guarito completamente dalle ferite subite, diventò un cannoniere per le unità Panzer e, verso la fine del 1942 fu destinato alla compagnia *Tigre* della *Leibstandarte*. Da allora l'*SS-Sturmmann* Woll prese parte a tutti i combattimenti in cui la *LSSAH* fu coinvolta, e già dalla battaglia di Kursk iniziò ad essere considerato uno di migliori cannonieri che combattevano sui *Tigre*. Il 16 settembre 1943 ricevette la Croce di Ferro di Prima Classe ed il 9 novembre 1943 fu promosso al grado di *SS-Rottenführer*.

Fronte della Normandia

Verso la fine di febbraio del 1944, Wittmann fece ritorno a casa, in Baviera. Festeggiato come un eroe nazionale, fu continuamente chiamato a presenziare cerimonie in suo onore e a rilasciare interviste alla stampa nazionale ed europea. Il 1° marzo, si sposò con Hildegard Burmester, conosciuta ai tempi del corso a Bad Tölz.

SS-Ostuf. Wittmann.

Dopo la breve parentesi matrimoniale, Wittmann riprese i suoi impegni pubblici. Tra i più significativi ci fu la visita alla fabbrica dei *Tigre* della *Henschel* a Kassel, il 16 aprile 1944, dove tenne un discorso alle maestranze ed agli operai. Pochi giorni dopo, insieme a sua moglie, si trasferì in Belgio, dove il 22 aprile incontrò i restanti elementi della sua *13.Kompanie*, di ritorno dal fronte dell'Est. Il giorno dopo, i coniugi Wittmann si trasferirono in Francia, nei pressi della città di Gournay-en-Bray, tra Rouen e Beauvais, per organizzare i nuovi alloggiamenti per la sua compagnia.

Balthasar 'Bobby' Woll.

Michael Wittmann

Dopo alcuni sopralluoghi, venne scelta come sede ideale il castello di Elbeuf, a circa quattro chilometri da Gournay-en-Bray. Il castello era disabitato e le foreste intorno ad esso garantivano una eccellente protezione per i *Tigre* dalla ricognizione aerea nemica. Wittmann ed altri cinque camerati, tra i quali l'inseparabile 'Bobby' Woll, si occuparono di ripulire gli alloggi per la nuova *2.Kompanie* dello *Schwere SS-Panzer Abteilung 101*.

Tigre dell's.*SS-Pz.Abt. 101* in addestramento, maggio 1944.

Fin dai primi giorni di permanenza in Francia, Wittmann notò subito la differenza di terreno rispetto alle vaste steppe russe. Qui, la fitta vegetazione, i pochi spazi aperti, ponevano grossi problemi di impiego per i *Tigre*, che non potevano ad esempio sfruttare pienamente la formidabile gittata del loro potente cannone, ma che allo stesso tempo dovevano prestare attenzione agli inevitabili attacchi ravvicinati del nemico. C'era da rivedere tutta la strategia di impiego dei carri nel 'bocage' normanno, un particolare tipo di paesaggio rurale che comprende piccoli boschi, siepi naturali e paludi frammiste a terreni coltivati di forma irregolare recintati. I reparti del nuovo Battaglione *Tigre*, dopo un periodo di addestramento a Mons in Belgio, furono trasferiti anch'essi in Francia, alla fine di aprile, nell'area di Gournay-en-Bray. Il comando del Battaglione si insediò a Crillon, la *1./101* a Saint-Germer-de-Fly, la *2./101* a Elbeuf-en-Bray e la *3./101* a Songeons.

Michael Wittmann

Due foto di Wittmann, maggio 1944.

Tigre dello *s.SS-Pz.Abt. 101* in addestramento in Francia.

Schwere SS-Pz.-Abteilung 101 (6 giugno 1944)

Abteilungskommandant: *SS-Ostubaf.* Heinz von Westernhagen (Tigre 007)
Adjutant: *SS-Ustuf.* Eduard Kalinowsky (Tigre 008)
Signal-Offizier: *SS-Ustuf.* Helmut Dollinger (Tigre 009)
Sanitäts-Staffel: *Hstuf. Dr.* Wolfgang Rabe
Stabskompanie: *SS-Ostuf.* Paul Vogt

1.Kompanie

Kompanie-Chef: *SS-Hstuf.* Rolf Möbius (Tigre 105)
Kompanie-Truppführer: *SS-Uscha.* Sepp Franzl (Tigre 104)

1.Zug

111 – *Ostuf.* Philipsen   112 – *Uscha.* Cap   113 – *Oscha.* Ernst   114 – *Uscha.* Otterbein

2.Zug

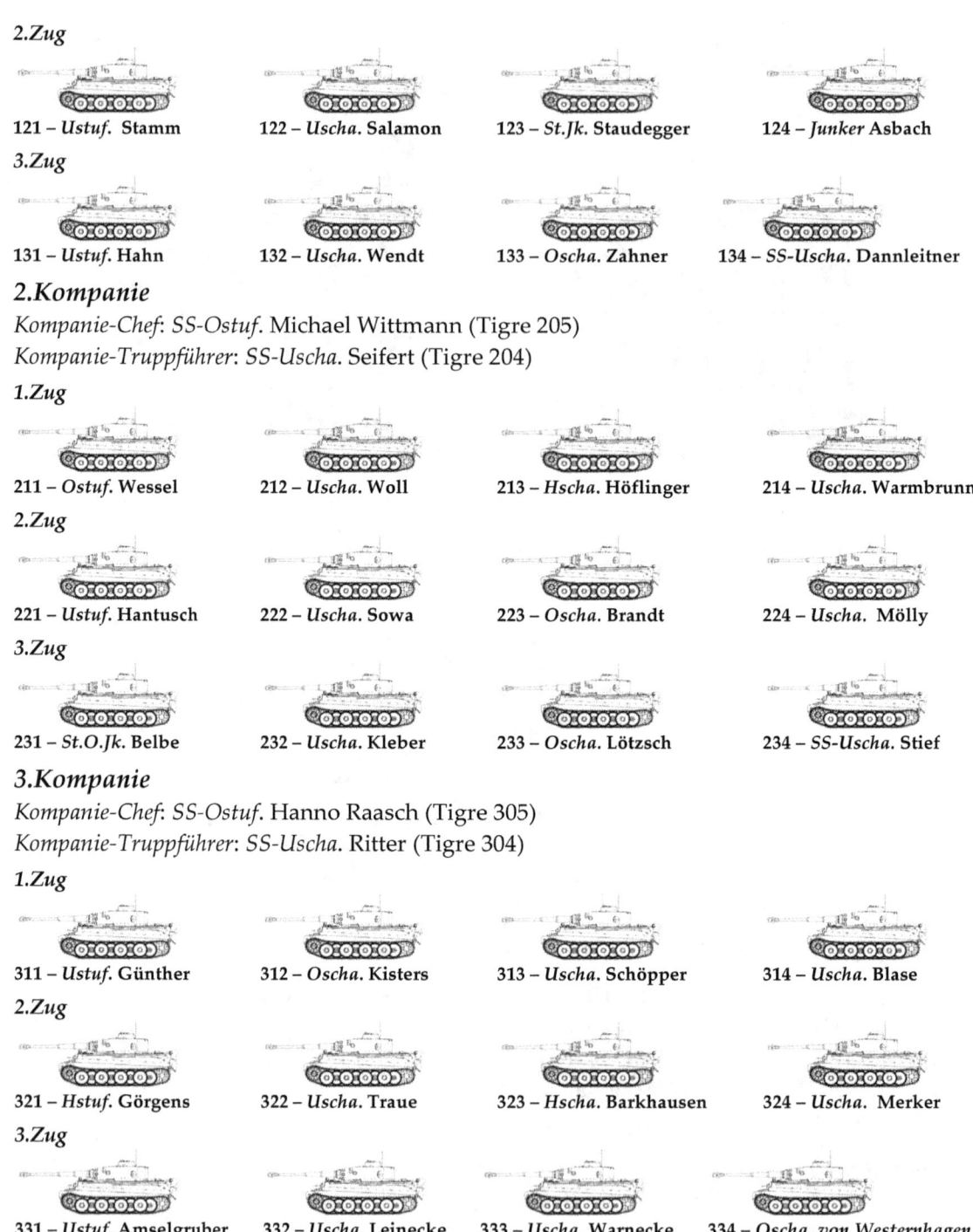

121 – *Ustuf.* Stamm 122 – *Uscha.* Salamon 123 – *St.Jk.* Staudegger 124 – *Junker* Asbach

3.Zug

131 – *Ustuf.* Hahn 132 – *Uscha.* Wendt 133 – *Oscha.* Zahner 134 – *SS-Uscha.* Dannleitner

2.Kompanie

Kompanie-Chef: SS-Ostuf. Michael Wittmann (Tigre 205)
Kompanie-Truppführer: SS-Uscha. Seifert (Tigre 204)

1.Zug

211 – *Ostuf.* Wessel 212 – *Uscha.* Woll 213 – *Hscha.* Höflinger 214 – *Uscha.* Warmbrunn

2.Zug

221 – *Ustuf.* Hantusch 222 – *Uscha.* Sowa 223 – *Oscha.* Brandt 224 – *Uscha.* Mölly

3.Zug

231 – *St.O.Jk.* Belbe 232 – *Uscha.* Kleber 233 – *Oscha.* Lötzsch 234 – *SS-Uscha.* Stief

3.Kompanie

Kompanie-Chef: SS-Ostuf. Hanno Raasch (Tigre 305)
Kompanie-Truppführer: SS-Uscha. Ritter (Tigre 304)

1.Zug

311 – *Ustuf.* Günther 312 – *Oscha.* Kisters 313 – *Uscha.* Schöpper 314 – *Uscha.* Blase

2.Zug

321 – *Hstuf.* Görgens 322 – *Uscha.* Traue 323 – *Hscha.* Barkhausen 324 – *Uscha.* Merker

3.Zug

331 – *Ustuf.* Amselgruber 332 – *Uscha.* Leinecke 333 – *Uscha.* Warnecke 334 – *Oscha. von* Westernhagen

Completavano l'organico una *4.(leichte).Kompanie*, agli ordini dell'*SS-Ostuf*. Wilhelm Spitz, comprendente un plotone pionieri, un plotone esploratori corazzato (*Sd Kfz 251*), un plotone esploratori leggero (*Kubelwagen*) ed un plotone antiaereo (*Flakvierling*) motorizzato, oltre ad una compagnia riparazioni agli ordini dell'*SS-Ostuf*. G. Klein.

Inizia l'invasione

Gli Alleati sbarcarono in Normandia il 6 giugno 1944. L'Alto Comando Tedesco fu colto di sorpresa e solo nel tardo pomeriggio di quella giornata furono diramati ordini per il trasferimento di reparti in zona per tentare di contrastare l'avanzata del nemico. Elementi della *21.Panzer-Division* entrarono per primi in azone, a nord di Caen contro le teste di ponte britanniche. Subito dopo anche i reparti della divisione SS *Hitlerjugend* e della *Panzer Lehr* ricevettero l'ordine di muovere contro le spiagge britanniche. Entrambe le unità erano sotto il comando del *I.SS-Panzer-Korps* di Sepp Dietrich, che includeva naturalmente anche la *Leibstandarte*, bloccata in Belgio per contrastare la minaccia di un possibile sbarco alleato lungo il passo di Calais.

Michael Wittmann, Francia 1944.

Hitler ed i suoi generali credevano in quel momento che lo sbarco in Normandia fosse infatti solo un diversivo. Grazie alla strenua resistenza dei reparti SS della *Hitlerjugend*, l'avanzata delle forze alleate venne bloccata proprio alla periferia di Caen. Malgrado la grande sproporzione di forze, i giovani combattenti della *Waffen SS*, fecero sì che la città restasse

Michael Wittmann

fermamente nelle mani dei tedeschi. Ma il risultato più importante dell'accanita lotta intorno a Caen, fu l'aver convinto Hitler e l'Alto Comando Tedesco che la Normandia fosse il principale fronte di invasione alleato. Dopo Caen, il *Führer* autorizzò il trasferimento della *Leibstandarte* dalle sue basi in Belgio. Lo *Schwere SS-Panzer-Abteilung 101*, da parte sua, aveva iniziato a muovere verso il fronte francese già durante la notte tra il 6 ed il 7 giugno. I *Tigre* marciarono lungo la strada D316 passando per Gournay-en-Bray, proseguendo verso sud in direzione della Senna. Al mattino del 7 giugno giunsero a Morgny. Alle 10:00, i *Tigre* della *1.Kompanie* dell'*SS-Hstuf*. Rolf Möbius, furono attaccati dall'aviazione alleata. I pezzi *Flak* al seguito del battaglione limitarono notevolmente i danni. Il Battaglione riprese la marcia proseguendo lungo la strada nazionale N14 che portava a Parigi. In testa alla *2.Kompanie*, c'era Michael Wittmann, come testimoniato dall'*SS-Rottenführer* Walter Lau, caricatore nel *Tigre 204* dell'*SS-Uscha*. Seifert: "...a guidare la colonna c'era Michael Wittmann a bordo di una *schwimmwagen con addosso la sua giacca di pelle e dietro di lui i quattordici* Tigre *della nostra compagnia...Eravamo ansiosi di vedere gli Champs d'Elysées e l'Arco di trionfo...Dirigemmo poi in direzione di Versailles*".

Tigre 222 di Kurt Sowa in movimento.

L'8 giugno, mentre la *3.Kompanie* fece ritorno a Parigi, le restanti compagnie ripresero la marcia verso la Normandia, in direzione di Dreux. Proprio in quest'ultima località, i *Tigre* della compagnia di Wittmann subirono un attacco aereo, nel corso del quale perse la vita l'*SS-Uscha*. Kurt Kleber, comandante del *Tigre 232*, il primo caduto dell'unità sul fronte francese. Venne promosso a titolo postumo da Wittmann al grado di *Oberscharführer*.

Tigre 223 dell'*SS-Oscha*. **Brandt**.

Il 10 giugno si verificò un nuovo attacco aereo nei pressi di Argentan, durante il quale la 2.*Kompanie* lamentò solo due feriti. La marcia riprese in direzione di Falaise. Poco dopo, a circa due chilometri a nord di Occagnes, altri caccia bombardieri alleati vennero ad intralciare la marcia dei *Tigre*. Malgrado il pericolo, i tre comandanti di carro del *1.Zug* dell'*SS-Ostuf.* Wessel, l'*SS-Uscha.* Woll, l'*SS-Hscha.* Höflinger e l'*SS-Uscha.* Warmbrunn, insieme all'*SS-Uscha.* Seifert, *Truppführer* della 2.*Kompanie*, restarono sulla cupola dei loro *Tigre* aspettando l'arrivo dei caccia nemici brandeggiando le loro mitragliatrici in posizioni antiaerea. Come risultato di questa energica risposta di fuoco, uno dei caccia bombardieri venne colpito, mentre gli altri aerei preferirono abbandonare la partita. Falaise venne finalmente raggiunta e fu stabilito subito dopo il collegamento con i reparti della *Hitlerjugend*.

Tigre della 2.*Kompanie* di Wittmann sulla strada *N316* fuori Morgny, il 7 giugno 1944.

L'*SS-Hstuf*. Möbius e la sua *1.Kompanie* raggiunsero l'area a sud di Caen nella giornata del 12 giugno, dove si incontrò con i reparti del *I./SS-Pz.Gr.Rgt. 26* della *Hitlerjugend* (*SS-Sturmbannführer* Krause).

Un *Tigre* della *1.Kompanie*, con a bordo l'*SS-Hstuf*. Möbius (con l'impermeabile), in marcia verso il fronte della Normandia.

Durante la notte, Möbius dovette spostare ancora la sua unità, a circa dieci chilometri a nord-est di Villers-Bocage, direttamente sulla strada nazionale N 175, che collegava Caen con Villers-Bocage. Möbius aveva otto *Tigre* a sua disposizione. La *2.Kompanie* di Wittmann fu invece posizionata sul fianco sinistro del *I.SS-Pz.Korps* nella stessa giornata del 12 giugno. Wittmann aveva a sua disposizione solo sei *Tigre*, tutti gli altri erano rimasti danneggiati lungo la strada, a causa degli attacchi dell'aviazione alleata o per problemi meccanici. I *Tigre* erano stati appena parcheggiati e ben mimetizzati tra la vegetazione quando iniziò un devastante bombardamento dell'artiglieria nemica. Assumendo che la compagnia fosse stata avvistata dalla ricognizione aerea nemica, Wittmann ordinò subito un immediato cambio di posizione. Ma il bombardamento dell'artiglieria nemica continuò incessante, seguendo il movimento dei *Tigre*. Wittmann fu quindi costretto a spostare nuovamente le sue posizioni per la terza volta, questa volta attestandosi nei pressi della collina di Montbrocq, a sud della strada nazionale N 175. La *1.Kompanie* era ora più ad est della *2.Kompanie*. Non ci fu un attimo di riposo quella notte per gli uomini, completamente esausti dopo una marcia di cinque giorni. C'erano da controllare i carri, che avevano un urgente bisogno di manutenzione. Tra i *Tigre* danneggiati c'era anche quello destinato a Bobby Woll, per cui Wittmann lo reclamò nuovamente come membro del suo equipaggio. Il racconto della marcia della *2.Kompanie* dalle parole dell'*SS-Rottenführer* Walter Lau, passato come cannoniere nel *Tigre 234* dell'*SS-Uscha*. Stief: *"...Il 12 giugno 1944, cinque o sei* Tigre *della nostra compagnia agli ordini dell'SS-Obersturmführer* Wittmann *arrivarono da Evrecy sulla strada Villers-Bocage-Caen. Ci fermammo a circa due chilometri dalla periferia di Villers-Bocage lungo una strada incassata che seguiva parallela alla strada nazionale a circa cento metri di distanza. Il mio carro, comandato dall'Unterscharführer Stief, marciava in coda, per dei problemi al motore. Dovevamo fermarci ogni tanto per evitare che il nostro motore si surriscaldasse....*

Mimetizzazione di un carro *Tigre* in Normandia, estate 1944.

Dopo aver affidato il suo carro ad un altro camerata, quando fece buio, Wittmann ritornò indietro a bordo di una schwimmwagen, *probabilmente per recuperare gli elementi della compagnia rimasti indietro...Passammo il resto della notte tranquillamente, mentre i proiettili dell'artiglieria navale alleata passavano sopra le nostre teste...".* Un breve stralcio dal rapporto giornaliero di Wittmann: "*...ho ricevuto l'ordine di restare nell'area di Villers, pronto ad attaccare e distruggere eventuali attacchi nemici da nord-est e da nord-ovest*".

L'operazione *Perch*

Con i reparti inglesi e canadesi bloccati davanti a Caen dalla strenua resistenza dei ragazzi della *12.SS-Panzer-Division Hitlerjugend*, il generale Montgomery aveva deciso di tentare di sfondare il fronte difensivo tedesco, attaccando sul suo fianco sinistro maggiormente esposto.

I reparti della *Panzer Lehr Division* erano sul punto di rinforzare il fronte difensivo della *HJ*, ma il loro fianco sinistro continuò a restare esposto ed i tedeschi non furono in grado di ristabilire un fronte continuo tra le divisioni che si trovavano nell'area di Caen e le unità che si stavano battendo nella parte occidentale della stessa Normandia.

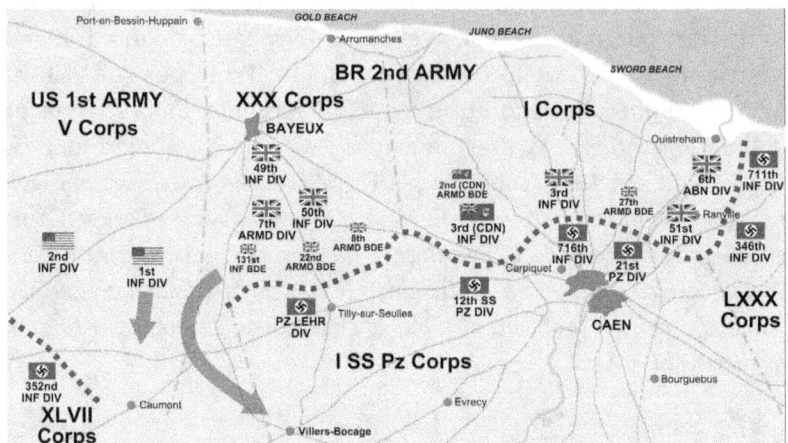

Mappa Operazione *Perch* (dislocazione delle forze contrapposte).

La risposta di Montgomery fu l'operazione *Perch*: la fresca *7th Armoured Division* inglese fu lanciata verso sud per penetrare il fianco sinistro della *Panzer Lehr Division*. La sua missione era quella di aggirare sul fianco la *Panzer Lehr Division* e passando attraverso il villaggio di Villers-Bocage, procedere verso Caen, intrappolando entrambe le divisioni tedesche, *Panzer Lehr Division* e *Hitlerjugend*. Sulla carta il piano appariva perfetto, ma la sua esecuzione si rivelò un disastro: i famosi 'topi del deserto', il nome con cui venivano chiamati i soldati della *7th Arm.Div.*, lamentarono la più grossa disfatta di tutta la guerra ad opera di un unico, determinato comandante di *Tigre*. Come visto in precedenza, durante la notte tra il 12 ed il 13 giugno, Wittmann era arrivato con parte della sua compagnia in prima linea nei pressi di Bayeux, nell'area che circondava il vicino villaggio di Villers-Bocage.

Equipaggio Tigre *s.SS-Pz.Abt. 101* in Normandia.

Aveva quindi preso posizione lungo la statale N175 vicino alla collina di Montbrocq, avendo a sua disposizione solo una mezza dozzina di *Tigre*: il *Tigre 211* dell'*SS-Ostuf*. Jürgen Wessel, il *Tigre 221* dell'*SS-Ustuf*. Georg Hantusch, il *Tigre 222* dell'*SS-Uscha*. Kurt Sowa, il *Tigre 223* dell'*SS-Oscha*. Jürgen Brandt, il *Tigre 233* dell'*SS-Oscha*. Georg Lötzsch ed il *Tigre 234* dell'*SS-Uscha*. Herbert Stief.

Una colonna corazzata inglese in Normandia.

Fu in queste condizioni, di netta inferiorità numerica, che iniziò una delle giornate più memorabili della storia delle truppe corazzate, l'assalto di Wittmann alla colonna corazzata inglese dentro e fuori la città di Villers-Bocage.

La battaglia di Villers-Bocage

Nel primo pomeriggio del 12 giugno 1944, iniziò l'operazione *Perch*, con la *22nd Armoured Brigade* del Brigadiere William "Loony" Hinde, all'avanguardia. Tutto sembrò procedere per il meglio fino a quando un singolo pezzo anticarro tedesco colpì e mise fuori combattimento un carro *Stuart* inglese nei pressi del villaggio di Livery. Invece di proseguire e penetrare attraverso il fianco nemico aperto in quella stessa giornata, il comandante inglese, il *Major-General* Bobby Erskine, decise di fermarsi per la notte.

Entrata di Villers-Bocage, estate 1944.

Dopo essersi riposati, il gruppo da combattimento della *7th Armoured Division*, sotto il comando della *22nd Armoured Brigade*, iniziò a muovere in direzione di Villers-Bocage alle prime luci dell'alba del 13 giugno, con questo ordine di marcia: l'*8th King's Royal Irish Hussars* (un battaglione esploratori), il *4th County of London Yeomanry "Sharpshooters"* (un battaglione di carri armati), il *5th RHA* (un battaglione di artiglieria semovente), il *1/7 Battallion The Queen Royal Regiment* (un battaglione di fanteria), il *1st Battalion The Rifle Brigade* (un battaglione di fanteria corazzata, senza due compagnie) e la *26th Anti-tank battery* (una batteria anti carro).

Colonna carri *Cromwell* *7th Armoured Division*.

Lungo la strada che portava a Villers-Bocage ed all'interno della stessa, i reparti inglesi non incontrarono alcuna resistenza, visto che le sole unità tedesche presenti nell'area erano due compagnie mediche della *Panzer-Lehr Division*, che si erano ritirate verso nord, poco prima del loro arrivo verso le otto del mattino. I primi ad entrare nella città furono i carri *Cromwell* del *4th County of London Yeomanry "Sharpshooters"* (4CLY). Questa azione rivelò senza alcun dubbio ai comandi tedeschi le intenzioni del nemico: Villers-Bocage e la vicina collina 213, addossata alla strada principale che portava a Caen. Tutto questo nel quadro generale di aggirare e annientare con una manovra a tenaglia i reparti della *Panzer-Lehr Division*. In quello stesso momento, Wittmann era partito con il suo *Tigre* in ricognizione proprio in direzione di Villers-Bocage. Dei suoi sei *Tigre* disponibili, il *Tigre 233* aveva un cingolo danneggiato mentre l'*SS-Ostuf.* Wessel non era presente, poiché era stato inviato a stabilire il collegamento con una unità vicina per ricevere ordini.

Uno *Sherman 'Firefly'* in Francia, 1944.

Michael Wittmann

Dalla testimonianza di Wittmann: "*...Ero nel mio posto di comando e non aveva considerato che il nemico potesse apparire improvvisamente. Avevo inviato uno dei miei ufficiali per stabilire il collegamento con una unità in prima linea e stavo aspettando che tornasse per avere notizie fresche. Improvvisamente un soldato entrò nel mio posto di comando e gridò: 'carri nemici in avvicinamento'...Mi portai immediatamente fuori e vidi i carri nemici a circa 150-200 metri distanti. Nello stesso tempo vidi che i carri erano accompagnati da veicoli trasporto truppe*". Quelli che Wittmann stava vedendo erano i carri del *4th County of London Yeomanry*, i quali dopo aver attraversato Villers-Bocage stavano muovendo verso la collina 213 per poi tagliare verso Caen, come pianificato da Montgomery. Wittmann naturalmente non era al corrente della situazione generale ed aveva solo una vaga idea di ciò che stesse accadendo quel mattino in quel settore del fronte. Quasi affascinato, restò a guardare la tremenda colonna di *Cromwell* e *Sherman*, accompagnata dai veicoli *Bren Carrier*, che percorreva indistrurbata la strada nazionale in direzione di Caen. Considerando quella difficile situazione in cui si venne a trovare, disse poi: "*Era un intero reggimento corazzato. Questo reggimento corazzato mi colse davvero di sorpresa*". Uno squadrone del *4CLY* si fermò su una collina ad est della città (la quota 213) per riposarsi e bere tè. Guardando gli inglesi 'bivaccare' beatamente, dalla foresta vicina dove era nascosto, a circa 150 metri dalla collina 213, Wittmann rimase esterefatto. Quando il suo cannoniere Bobby Woll, disse: "*...sembra che abbiano già vinto la guerra!*", Wittmann gli replicò: "*...facciamogli vedere che si sbagliano!*". Cosa pensò Wittmann in quei momenti è impossibile saperlo. Sicuramente ponderò tutte le soluzioni possibili per venire a capo di quella difficile situazione. Avrebbe potuto continuare a restare al riparo e chiedere rinforzi per radio per poi affrontare il nemico.

Colonna corazzata della *22nd Armoured Brigade*.

Quella minaccia però andava fermata a tutti i costi e subito, Wittmann sapeva benissimo che quella potente formazione corazzata nemica non avrebbe incontrato alcuna resistenza fino a Caen. Alla fine, decise quindi di attaccare da solo, con il suo *Tigre*, l'intera brigata corazzata nemica, pur consapevole che si trattasse di una missione suicida[1]: "*...Sì, sapevo benissimo che* *quella decisione era insensata. Mai come in quell'occasione ero rimasto così impressionato dalla forza del nemico, vedendo quei carri che avanzavano. Ma sapevo che dovevo assolutamente farlo e decisi di scagliarmi contro il nemico*". Nel frattempo all'interno di Villers-Bocage, i reparti inglesi stavano consolidando le loro posizioni: l'*A Squadron* del *4th CLY* si attestò nella parte orientale del villaggio, mentre il *B Squadron* in quella occidentale, controllando così la strada che portava al vicino villaggio di Ceaumont.

L'attacco di Wittmann

La descrizione personale di Wittmann del suo attacco solitario: "*...non c'era tempo di raggruppare la mia compagnia. Dovevo agire rapidamente, sapevo che il nemico mi avrebbe presto avvistato e avrebbe iniziato a fare fuoco contro di me. Decisi di attaccare da solo e quindi ordinai agli altri carri di non cedere un solo palmo di terreno e mantenere le posizioni. Mi diressi quindi contro la colonna nemica, sorprendendo gli inglesi così come avevano fatto con me. Inizialmente distrussi due carri sulla destra della colonna, poi un altro sulla sinistra della stessa, poi girai verso sinistra ed attaccai il gruppo dei Bren Carrier al centro della colonna. Ritornai indietro verso la parte finale della colonna lungo la stessa strada, distruggendo ogni carro che riuscivo ad inquadrare. Il nemico piombò nella confusione più totale. Mi portai dentro il villaggio, approssimativamente al centro dello stesso, dove venni colpito dal fuoco di un pezzo anticarro. Il mio carro fu danneggiato. Senza possibilità di proseguire iniziai a sparare contro tutto quello che c'era intorno a me, finché fu possibile. Dopo aver perso il contatto radio decisi di abbandonare il carro. Non distrussi nulla, perché ero convinto di poterlo recuperare a breve. Quindi mi diressi verso il posto di comando della divisione (la Pz.Lehr-Division, ndr) a circa quindici chilometri più a nord...Dopo aver fatto rapporto, contrattaccammo e distruggemmo il nemico. Il grosso del reggimento corazzato ed un battaglione fucilieri furono distrutti*". Mai prima di allora, un solo carro aveva attaccato una forza corazzata così numerosa. Wittmann e Woll, non sbagliarono un tiro durante la loro folle corsa lungo la colonna nemica. Il suo caricatore, l'*SS-Sturmmann* Boldt fu chiamato ad un duro lavoro, mai aveva dovuto ricaricare il pezzo da 88mm così in fretta. Una grande prova di abilità anche per il pilota, l'*SS-Unterscharführer* Walter Müller, nel guidare il *Tigre* parallelamente alla colonna nemica e per l'operatore radio Günther Jonas, incaricato di falciare il nemico con il fuoco della sua *MG-34*.

L'entrata di Villers-Bocage dopo l'attacco di Wittmann.

La marcia distruttrice

Dopo essere sceso a piedi per guardare meglio la disposizione del nemico, nascosto nella boscaglia, accompagnato da un sottufficiale della *Pz.Lehr-Division*, Wittmann si portò al vicino *Tigre 234* di Herbert Stief, gli ordinò di scendere inviandolo ad informare il resto della compagnia su come comportarsi: i *Tigre* ed i *Panzer IV* della *Pz.Lehr-Division* dovevano restare fermi sulle loro posizioni mentre lui effettuava una rapida ricognizione nel villaggio. Senza aspettare oltre, Wittmann si mise alla guida del mezzo, ma quando iniziò a marciare ebbe subito l'impressione che il corazzato da 56 tonnellate avesse dei problemi. Quindi, scese dal *234* e si avviò verso l'altro *Tigre* più vicino, il *222* dell'*SS-Uscha*. Kurt Sowa[4]. Questi scese dal carro e lo consegnò al suo comandante di compagnia. Gli ordini per l'attacco furono subito inviati agli altri *Tigre*, mentre Kurt Sowa assumeva il comando del *Tigre 234* rimpiazzando Stief, spostandosi su una posizione difensiva lungo la strada. Gli altri *Tigre* disponibili per l'attacco erano il *221* di Georg Hantusch ed il *223* di Jürgen Brandt. L'azione di Wittmann iniziò alle 8:35.

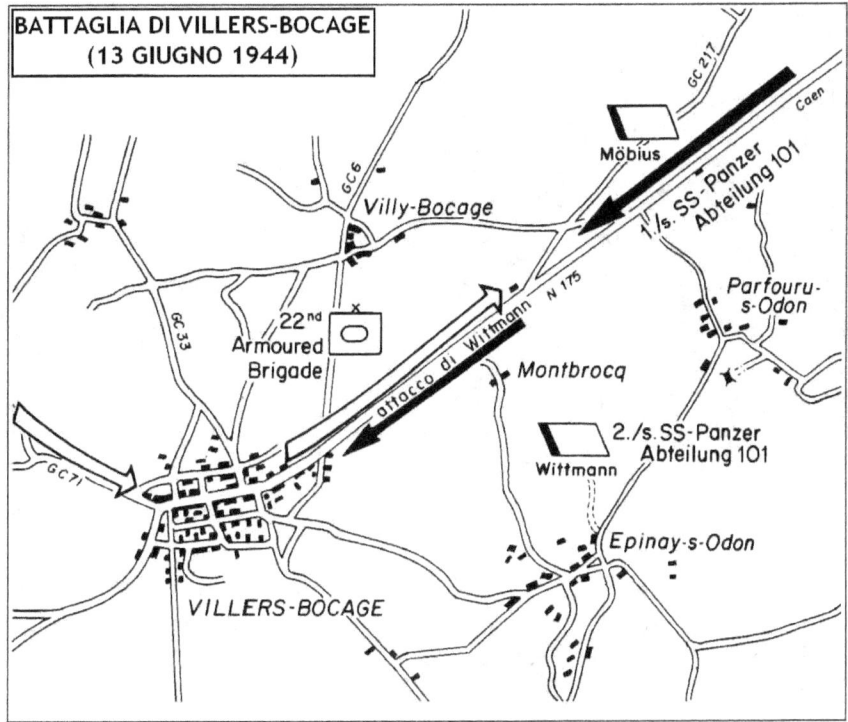

Dopo aver ordinato agli altri *Tigre* di attaccare la quota 213, con il suo *Tigre* si mosse rapidamente verso la colonna nemica, percorrendo un sentiero a nord della strada principale e parallelo ad essa. Per bloccare i movimenti del nemico, Wittmann colpì alcuni veicoli in testa alla colonna, creando panico e distruzione. La maggior parte degli equipaggi inglesi fu colta completamente di sorpresa e fuori dai propri veicoli. Procedendo parallelamente alla colonna nemica, ma in direzione opposta ad essa, il *Tigre* di Wittmann iniziò a fare fuoco in successione, colpendo uno dopo l'altro, i mezzi inglesi. In pochi minuti, una ventina di mezzi nemici furono distrutti. La marcia distruttrice di Wittmann continuò anche dentro l'abitato di Villers-Bocage. Prima di entrare nel villaggio, Wittmann si portò sulla strada statale, trovandosi subito di fronte quattro *Cromwell* del comando reggimentale inglese: tre furono messi fuori combattimento dai micidiali proiettili da 88, un quarto, quello del capitano Patrick Dyas riuscì invece a trovare riparo in un giardino giusto in tempo. Mentre avanzava verso il centro del villaggio, furono distrutti altri mezzi corazzati e alcuni pezzi anticarro. In Rue Georges Clèmenceau, Wittmann distrusse due carri *Sherman* del comando reggimentale del *4th CLY*, uno dei quali era comandato dal Tenente Colonnello Lord Cranley. La marcia di Wittmann proseguì. Una *Jeep* da ricognizione venne messa fuori combattimento con la *MG-34* montata sulla cupola del suo carro. Spostandosi ancora verso il centro, Wittmann passò davanti alla strada dove si era riparato il *Cromwell* di Dyas. Il capitano inglese, dopo il passaggio del carro tedesco, iniziò a seguirlo a distanza di sicurezza, nella speranza di poterlo colpire da tergo.

La marcia distruttrice di Wittmann così come fu 'disegnata' sulla rivista *Signal*.

Veicoli blindati della *1st Rifle Brigade* distrutti.

Dopo essere arrivato in Place Jeanne d'Arc, il *Tigre* di Wittmann venne affrontato da uno *Sherman Firefly*[2], comandato dal sergente Stan Lockwood del *B Squadron*, che gli tirò contro quattro 4 colpi con il suo cannone da 17 libbre, colpi che scalfirono soltanto la sua spessa corazza. La risposta di Wittmann non si fece attendere: fece ruotare la torretta del suo carro, abbattendo una porzione di muro che franò sul *Firefly* inglese, quindi ritornò in via Clèmenceau. Il capitano Dyas a quel punto intervenne, sparando contro Wittmann due colpi con il suo cannone da 75mm, senza tuttavia causargli alcun danno. Wittmann fece ruotare rapidamente la torretta del suo *Tigre* e con un solo tiro distrusse il veicolo inglese. Due membri dell'equipaggio restarono uccisi sul colpo, mentre il capitano Dyas riuscì a mettersi in salvo.

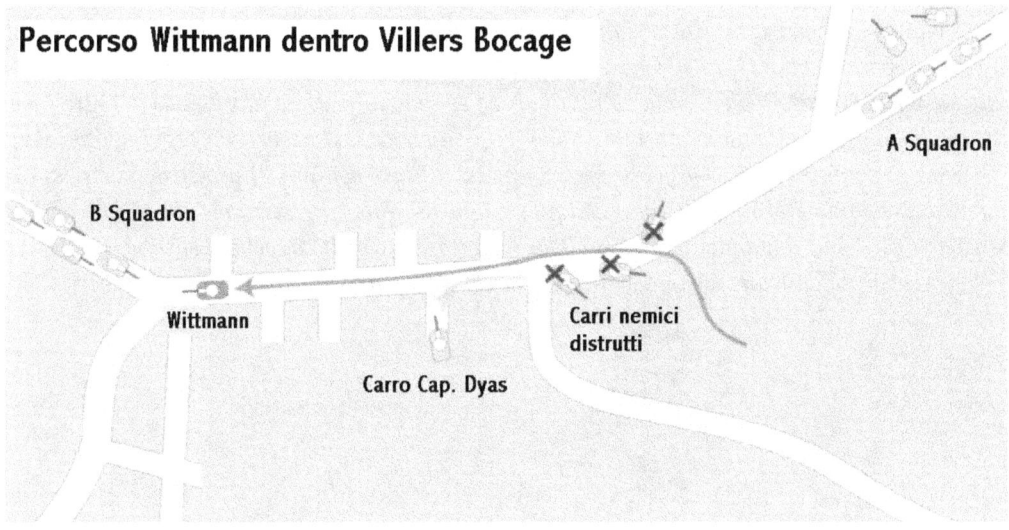

Testimonianza di J.L. Cloudsley-Thompson, comandante di carro del *4th County of London Yeomanry*[3]: "...*A questo punto probabilmente tutti i carri armati che avevamo davanti stavano bruciando. Attraverso il fumo si vedeva solo la mastodontica figura di un carro* Tigre. *Non ero più lontano di 25 yards. Poi il nostro cannone da 75 mm sparò, ma il proiettile si infranse senza perforare la massiccia armatura del Tigre. Sparammo ancora con il mortaio da 58 mm, ma il fumo pesante ormai mi stava facendo perdere i sensi. Il* Tigre *allora ruotò velocemente il suo enorme cannone da 88 mm e... Boom! Eravamo stati colpiti. Sentii all'improvviso un forte bruciore tra le gambe, ero stordito e ferito. Una lancia di fuoco divampò sopra la torretta e io sentivo la bocca piena di sabbia e vernice bruciata. Gridai: "Fuori!" e saltai all'esterno del carro. Vidi il mio gruppo uscire e nascondersi come me nell'erba mentre intorno sibilavano i proiettili di una mitragliatrice.* [...]

I resti di un reparto anticarro inglese distrutto a Villers-Bocage.

Michael Wittmann

Eravamo miracolosamente tutti salvi. Il mio sergente fu come me fortunato: a me il proiettile era passato tra le gambe e a lui sopra la spalla andando poi a colpire il motore. Dall'impatto erano partite schegge di metallo, una delle quali l'aveva colpito e ferito in modo non grave dietro l'orecchio. Joe, il pilota era pallido e tremava. [...] Decisi di andare dietro il gruppo di case strisciando sotto al muro per cercare di ritrovare almeno lo squadrone B. Poco dopo intravidi Dyas, capitano del gruppo B, a qualche metro di distanza rimasto a piedi come noi. Lui aveva sperato di mettere fuori gioco il Tigre *(che aveva colpito anche noi) attaccandolo di lato, dopo aver distrutto il resto del reggimento. Riuscì ad avvicinarlo e lo colpì. Poi però toccò ancora una volta al Tigre sparare. Il proiettile uccise sul colpo il co-pilota ed il cannoniere, mentre Dyas e il suo pilota uscirono per miracolo illesi dal carro. [...] Il* Tigre *ripartì ed il suo comandante, uscito dalla torretta, si tolse il cappello e sorrise. Il suo carro era così resistente che nessuno dei nostri* Cromwell *sarebbe mai stato in grado di distruggerlo"*.

Carri dell'*A Squadron* distrutti nei pressi della quota 213.

Michael Wittmann.

Il *Tigre* di Wittmann proseguì quindi verso ovest, superando il carro alleato che bruciava, lungo la via Pasteur. Pochi istanti dopo però venne colpito ad un cingolo da un proiettile da 6 libbre proveniente da una batteria anticarro ben nascosta. Alla fine fu un semplice pezzo anticarro, invece dei mezzi corazzati inglesi, a bloccare la corsa di Wittmann davanti al magazzino di scarpe Huet-Godefroy. Prima di abbandonare il mezzo, Wittmann e Bobby Woll continuarono a colpire tutti i mezzi nemici che si trovavano nel raggio d'azione del loro cannone da 88mm. Esaurite le munizioni, uscirono dal *Tigre* e si avviarono verso il comando della *Panzer-Lehr* Division, alcuni chilometri più a nord, nel castello di Orbois.

Nuovo attacco in forze

Qui Wittmann fece rapporto all'*Oberstleutnant* Kauffmann, capo di stato maggiore della divisione, informandolo sul pericolo della presenza di reparti corazzati nemici ad ovest di Villers-Bocage. Venne subito informato sulla situazione anche il comando del *I.SS-Pz.Korps*. Considerata l'impossibilità di far intervenire reparti della *Hitlerjugend*, impegnati sul fronte di Caen, il contrattacco tedesco su Villers-Bocage venne affidato ad un gruppo corazzato della *Panzer-Lehr* Division, circa quindici *Panzer IV*, agli ordini dell'*Hauptmann* Helmut Ritgen ed alla *1.Tigerkompanie* dell'*SS-Hauptsturmführer* Rolf Möbius. Wittmann, dopo aver raggiunto l'area di raggruppamento della *1.Tigerkompanie*, riuscì a farsi dare un nuovo carro Tigre[5] per prendere parte al contrattacco su Villers-Bocage, insieme agli altri *Tigre* della sua *2.Tigerkompanie*, che iniziò nel primo pomeriggio.

Foto di un altro *Cromwell* distrutto a Villers-Bocage.

Gli inglesi nel frattempo avevano rinforzato le loro posizioni nella città, soprattutto con pezzi anticarro. Quando i carri tedeschi attaccarono furono accolti da un fitto fuoco di sbarramento che mise fuori combattimento alcuni *Tigre* ed un *Panzer IV*.

Rolf Möbius.

Gli scontri durarono alcune ore, con perdite da entrambi i lati. Verso le 17:00, un esausto Generale Erskine diede l'ordine alla *22nd Armoured Brigade* di ritirarsi da Villers Bocage. Montgomery, totalmente in preda al panico, si vide costretto ad ordinare la ritirata di tutti i reparti della *7th Armoured Division*. Verso le 14:00, più di trecento bombardieri della *RAF* sganciarono più di 1.700 tonnellate di bombe su Villers-Bocage per coprire la ritirata dei 'topi del deserto'. Durante questi bombardamenti rimase distrutto un *Tigre* ed altri tre rimasero danneggiati. I tedeschi continuarono ad incalzare i reparti britannici in ritirata e quando il battaglione esploratori della *2.Panzer-Division* entrò in contatto con la *7th Arm.Div.*, il Generale Erskine fu costretto a chiedere l'intervento dell'artiglieria. Durante la notte del 14 giugno, i reparti inglesi ritornarono finalmente sulle loro posizioni di partenza. La *7th Armoured Division* divenne l'unità alleata ad aver subito la più grossa sconfitta durante l'intera campagna di Normandia. L'operazione *Perch* si era quindi trasformata in una disastrosa ritirata. Da parte inglese si lamentava la perdita di più di cinquanta carri.

Reparti esploranti tedeschi entrano in Villers-Bocage.

La battaglia si concluse con la vittoria dei tedeschi, che sventarono definitivamente il tentativo di sfondamento alleato. In quella giornata, Wittmann da solo aveva distrutto 23 veicoli nemici, su un totale di 20 *Cromwell*, 4 *Sherman Firefly*, 3 carri *Stuart*, 3 carri da osservazione dell'artiglieria, 16 *Bren Carrier*, 14 semicingolati *M3* e due cannoni anticarro. Più di cento soldati inglesi furono catturati ed altri 62 rimasero uccisi sul campo. Il comandante del *4 CLY*, il Tenente Colonnello Visconte Cranley, fu trovato poco dopo nascosto in una foresta vicina quando la fanteria tedesca rastrellò l'area per fare prigionieri.

Diario di guerra del *4th County of London Yeomanry*, alla data del 13 gennaio[6]: "*Il Reggimento muove in avanti alle prime luci verso la posizione di Villers-Bocage (8157). Con l'A*

Squadron *in testa seguito dalla* A Company RB. *Nessuna opposizione e l'*A Squadron *raggiunge l'area ad est di Villers-Bocage (area 8358). Colonna spezzata al punto 823578 da due* Tigre, *il comando reggimentale completamente distrutto. L'*A Squadron *continua a prendere posizioni per la battaglia. Il* B Squadron *difende la città ma non riesce a portare aiuto all'*A Squadron, *circondato ed attaccato dai* Tigre *e dalla fanteria. Richiesta immediata assistenza, ma nessuno riesce a passare.*

Un *Pzkpfw IV* distrutto della *Panzer Lehr Division*.

*Alle 10:30, il comandante che è con l'*A Squadron, *ha riferito che la posizione è indifendibile, ma la ritirata è impossibile. Alle 10:35 sono cessate tutte le comunicazioni radio. Il B Squadron ha ordinato di tenere il villaggio a tutti i costi. Quattro veicoli del* B Sqn, *con fanteria e pezzi anticarro agli ordini del Lt L. Cotton, dopo sei ore di combattimenti per le strade, hanno distrutto 4* Tigre *e 3 Panzer IV.*

Il *Tigre 121* in rue Pasterur, distrutto dal fuoco di uno *Sherman Firefly* durante i combattimenti nel primo pomeriggio del 13 giugno a Villers-Bocage.

Alle 16:00, il B Sqn riferisce che il villaggio è ancora nelle nostre mani, ma viene riportata la presenza di fanteria nemica nell'area 820575. Il 1/7th Queens attacca, ma fallisce il suo tentativo. Il comandante del B Sqn ordina la ritirata del reggimento al punto 780580. Questo è stato fatto senza riportare ulteriori perdite. Il C Sqn ha coperto la ritirata degli altri reparti....Veicoli persi: 20 Cromwells, 4 Fireflys, 3 Humber scout cars, 3 Stuarts, 1 half track".

Wittmann festeggiato alla fine della battaglia.

La concessione delle Spade

In riconoscimento alla sua azione a Villers-Bocage, su raccomandazione di Fritz Bayerlein, comandante della *Panzer Lehr Division* e firmata da Sepp Dietrich, Wittmann venne decorato con le spade per la sua Croce di Cavaliere con Fronde di Quercia e promosso al grado di *SS-Hauptsturmführer*[7]: "*...Il 12 Giugno 1944 all'SS-Obersturmführer Wittmann fu ordinato di proteggere il fianco sinistro del Corpo nei pressi di Villers-Bocage, poiché si supponeva che le forze corazzate inglesi che avevano sfondato il fronte si sarebbero dirette verso sud e sud-est. Non c'erano a disposizione i granatieri.*

Un *Cromwell* distrutto dentro Villers-Bocage.

Wittmann raggiunse la località indicata con 6 Panzerkampfwagen VI. *La compagnia di Wittmann fu costretta a cambiare posizione per tre volte durante la notte del 12-13 Giugno 1944 a causa di un pesante fuoco d'artiglieria e, al mattino del 13 Giugno si posizionò nei pressi della quota 213, a nord-est di Villers-Bocage con 5 carri pronti ad entrare in azione. Alle 8:00 del mattino un posto di copertura informò Wittmann che una forte colonna di mezzi corazzati nemici stava avanzando lungo*

Michael Wittmann

la strada Caen-Villers-Bocage. Wittmann, che si trovava al riparo con il suo Tigre *a 200 metri a sud della strada, individuò una formazione di carri armati britannici seguiti da un battaglione di fanteria motorizzata. Occorreva reagire immediatamente. Non c'era tempo per emanare ordini ai suoi uomini smontati a terra e perciò si mosse subito contro la colonna inglese sparando con il carro in movimento. Il risultato dell'azione fu che la colonna dovette separarsi e alla distanza di circa 80 metri Wittmann mise fuori combattimento quattro carri armati* Sherman. *Quindi manovrò con il* Tigre *mettendosi in direzione parallela alla colonna nemica ma in senso inverso ad una distanza di 10/30 metri sparando senza fermarsi. In breve tempo distrusse altri 15 mezzi pesanti ed 6 carri furono bloccati con gli equipaggi che fuggivano per porsi in salvo.*

Un Pzkpfw IV *ed un* Tigre **distrutti dentro Villers-Bocage.**

I mezzi blindati del battaglione di fanteria che seguiva furono pressoché distrutti tutti e i 4 carri della compagnia di Wittmann, che lo seguivano, catturarono circa 230 prigionieri. Wittmann, lasciando indietro la sua Compagnia, entrò nell'abitato di Villers-Bocage. Giunto nel centro cittadino il suo carro fu immobilizzato da un forte fuoco nemico; malgrado ciò egli continuò a sparare contro i veicoli nemici che avvistava disperdendo il resto delle unità. Quindi, con l'equipaggio, abbandonò il carro e si diresse a nord percorrendo la distanza di circa 15 km per raggiungere la Panzer-Lehr-Division.

'Topi del deserto' catturati dai Tedeschi.

Michael Wittmann

Dopo aver fatto rapporto all'Ufficiale Ia della divisione, tornò a Villers-Bocage con 15 carri armati. Recuperata la sua Volkswagen *anfibia, si diresse verso la 1ª Compagnia lungo la via principale e forte dell'esperienza dei recenti scontri e della situazione diresse la 1ª Compagnia nella strada principale contro i carri e le artiglierie anticarro che erano ancora piazzati nella cittadina. Grazie al suo agire risolut, Wittmann con il suo carro* Tigre *distrusse gran parte di una forte colonna offensiva nemica già profondamente avanzata nelle retrovie del nostro fronte – si trattava della 22ma Brigata Corazzata inglese – e, muovendosi da solo, di sua spontanea iniziativa e, mostrando un altissimo coraggio personale, scongiurò un pericolo che minacciava l'intero fronte del 1.SS-Panzer-Korps: infatti in quel momento non c'erano riserve a disposizione. Con il combattimento odierno Wittmann ha raggiunto il numero complessivo di 138 carri nemici e di 132 pezzi anticarro distrutti dal suo carro armato".*

Wittmann riceve le 'Spade' dalle mani del *Führer*.

Michael Wittmann

Alla fine della battaglia, Wittmann fu accolto calorosamente dai suoi comandanti, Dietrich in primis, al quale raccontò lo svolgimento della stessa. Il 22 giugno, proprio Dietrich consegnò a Wittmann la nuova decorazione. Il 26 giugno, fu ricevuto da Hitler al Berghof sull'Obersalzberg, che volle congratularsi personalmente con lui. Gli fu concesso un breve periodo di riposo, che passò con la sua famiglia e dopo aver rifiutato il trasferimento alla *Panzerschule* di Paderborn con l'incarico di istruttore, fece ritorno alla sua compagnia.

Il corrispondente di guerra, l'*SS-Oberscharführer* Herbert Reiner incontrò Wittmann e scrisse un articolo sulla rivista '*Das Schwarze Korps*', pubblicato il 3 agosto 1944: "*...Wittmann è un fantastico esempio di coraggio, idealismo e spirito di sacrificio, le più alte qualità umane. Io inserisco Wittmann nella lista degli uomini che sono espressione del più alto grado di queste virtù. Ebbi solo un incontro con lui...Mi fece subito una profonda impressione, immediatamente e direttamente, essendo il ritratto esatto dell'eroe. La sua umanità, la sua vulnerabilità, la sua sensibilità erano evidenti. Ma la cosa che mi impressionò maggiormente fu la sua incredibile esperienza umana. Egli non aveva solo distrutto dei carri, egli sapeva molto bene che dentro quei carri c'erano degli uomini. Ciò che aveva fatto non era un semplice 'atto di eroismo', andava visto su un piano superiore, qualcosa concesso solo a pochi, essendo di tale portata e profondità...*".

Un *Tigre* distrugge una forza nemica superiore, le prime spade sul fronte atlantico, l'*SS-Obersturmführer* Wittmann distrugge il suo 138° carro nemico[8]: "*...Berlino, 26 giugno. Il 22 giugno 1944 il Führer ha decorato con la Croce di Cavaliere con Fronde di Quercia e Spade, l'SS-Obersturmführer Michael Wittmann, comandante di una compagnia pesante nella SS-Panzer Division 'Hitlerjugend', diventando il 71° soldato delle forze armate tedesche a riceverla.*

Ritratto di Wittmann (W. Willrich).

Il 30 gennaio 1944 era diventato il 380° soldato delle forze armate tedesche ad essere decorato con la Croce di Cavaliere con Fronde di Quercia dopo aver portato il suo totale di carri distrutti sul fronte dell'Est a 114. Fin dall'inizio delle battaglie difensive in Normandia, l'SS-Obersturmführer Wittmann era stato ancora una volta impegnato contro il nemico con il suo carro. Il 13 giugno, l'SS-

Michael Wittmann

Obersturmführer portò a compimento l'azione per la quale ha ottenuto questa alta decorazione dal Führer. In quella giornata con la sua compagnia pesante corazzata era attestato nell'area di Caen.

Una foto di Wittmann scattata subito dopo la battaglia di Villers-Bocage.

Michael Wittmann

L'SS-Obersturmführer Wittmann era nascosto con il suo Tigre, separato dal resto della sua compagnia, quando improvvisamente avvistò un battaglione corazzato inglese, seguito da un battaglione motorizzato. Dopo aver passato rapidamente gli ordini alla sua compagnia, si lanciò contro la colonna inglese, colpendola in movimento. Da ottanta metri Wittmann distrusse per primi quattro carri 'General Sherman'. Poi si posizionò accanto alla colonna ed avanzò lungo essa, sparando nella sua direzione di marcia. In questo modo distrusse quindici carri pesanti nemici in breve tempo. Sei carri furono danneggiati ed i loro equipaggi furono costretti ad abbandonare i mezzi. Il battaglione motorizzato di scorta fu quasi completamente distrutto. Furono catturati almeno 250 prigionieri di questo battaglione. Quando il suo carro rimase danneggiato da un pezzo anticarro nemico, egli continuò a distruggere ogni veicolo nel suo raggio di azione. L'SS-Obersturmführer ed il suo equipaggio abbandonarono il veicolo per raggiungere a piedi il comando di una divisione vicina. L'SS-Obersturmführer ritornò sulla scena della battaglia con quindici carri di questa divisione ed un'altra compagnia pesante corazzata della sua divisione. Questa compagnia immediatamente ingaggiò i carri ed i pezzi anticarro nemici ancora nella città. Fu solo grazie alla grande determinazione ed al coraggio dell'SS-Obersturmführer Wittmann che la 22ª brigata corazzata inglese, già penetrata profondamente nelle retrovie del nostro fronte, fu distrutta, allontanando una seria minaccia per l'intero Corpo. In quella stessa giornata di combattimenti, l'SS-Obersturmführer Wittmann ha portato il totale delle sue vittorie a 138 carri nemici distrutti e 132 pezzi anticarro nemici distrutti".

Note

[1] Secondo altre fonti e testimonianze post-guerra, esistono diverse versioni circa la dinamica dei fatti. Wittmann iniziò l'attacco effettivamente da solo, mentre gli altri Tigre si spostarono verso la quota 213 per distruggere l'avanguardia della colonna inglese, dando così a Wittmann la possibilità di distruggere il resto della stessa colonna affiancandolo e marciando in direzione opposta alla sua direzione di marcia. Secondo alcuni testimoni oculari (*Tigres en Combat*, Heimdal, pag. 38-39), Wittmann venne appoggiato durante l'azione da un altro *Tigre* ben mimetizzato in mezzo ad alcuni alberi di mele, che fornì fuoco di appoggio senza lasciare mai la sua posizione.

[2] *Sherman Firefly*, il cannone da 75 mm era stato sostituito con un 17 pdr (76.2 mm), con maggiore capacità di penetrazione.

[3] P.Agte, "*Michael Wittmann...*", Volume II, pag. 28.

[4] Anche questo punto è oggetto di dibattito, in quanto secondo alcune fonti, in quel momento, Sowa era al comando del Tigre 231. Tutto questo sempre per i continui guasti dei carri e del continuo cambio di equipaggia da un mezzo all'altro. Ad oggi non è stato ancora possibile stabilire con certezza, quale fosse il *Tigre* usato da Wittmann durante l'azione a Villers-Bocage.

[5] Non si hanno anche in questo caso notizie certe del coinvolgimento di Wittmann al contrattacco. Dal documento ufficiale sul conferimento delle spade, si evince che prese parte al contrattacco, ma non esistono altre documentazioni o testimonianze per descriverne meglio lo svolgimento.

[6] Tank Museum di Bovington, England.

[7] *Personalakte* Michael Wittmann, Berlin Document Center.

[8] Articolo apparso sulla stampa tedesca, P.Agte, "*Michael Wittmann...*", Volume II, pag. 60, 61.

L'ultima battaglia

Tra la fine di luglio e l'inizio di agosto, i reparti tedeschi in Normandia furono impegnati in una serie di battaglie difensive con la *Leibstandarte* sempre in prima linea. Il 10 luglio 1944, Wittmann ricevette il comando dello *s.SS-Pz.Abt. 101*, dopo il ferimento in combattimento di Heinz von Westernhagen. Il comando della *2.Kompanie* venne quindi affidato all'*SS-Ostuf.* Helmut Wendorff. Il nuovo veicolo di Wittmann divenne così il *Tigre 007*. Il 18 luglio, Montgomery lanciò l'operazione *Goodwood* per tentare di far arretrare le forze tedesche verso l'interno. Impegnate nell'attacco le forze inglesi attestate ad est della città di Caen. L'VIII° Corpo inglese guidò l'attacco con tre divisioni corazzate, appoggiato dal I° Corpo inglese sul fianco orientale e dal II° Corpo canadese su quello occidentale. L'operazione iniziò con un massiccio bombardamento aereo che sconvolse completamente le posizioni tedesche nell'area di Caen, soprattutto quelle della *Panzer-Lehr-Division*, che ne uscì praticamente distrutta.

18 luglio 1944, Wittmann a colloquio con un altro ufficiale.

Michael Wittmann

Il 20 luglio, pur lamentando gravi perdite, gli alleati riuscirono a passare attraverso le linee tedesche liberando Caen. L'8 agosto gli alleati lanciarono una nuova operazione, *Totalize*: l'intenzione era quella di penetrare il fronte difensivo tedesco a sud di Caen sul fianco orientale delle posizioni alleate in Normandia, per poi spingersi veso sud e coqnuistare le alture a nord della città di Falaise. L'obiettivo finale era quello di far collassare l'intero fronte tedesco e tagliare la ritirata alle forze tedesche che stavano combattendo più ad ovest. Wittmann con i suoi *Tigre* era in quel momento alle dipendenze della *12.SS-Panzer-Division 'Hitlerjugend'*, un gruppo da combattimento corazzato comprendente una cinquantina di carri, inclusi otto *Tigre*, impegnato a tentare di fermare l'avanzata nemica tra Caen e Falaise.

Heinrich Reimers.

L'equipaggio di Wittmann era formato in quel momento dall'*SS-Uscha*. Karl Wagner (cannoniere), l'*SS-Uscha*. Heinrich Reimers (pilota), l'*SS-Sturmmann* Günther Weber (caricatore) e l'*SS-Sturmmann* Rudi Hirschel (operatore radio). A bordo del suo *Tigre 007*, Wittmann iniziò il suo attacco muovendo dal suo rifugio nei pressi del villaggio di Cintheaux in direzione nord. Al suo seguito, tre *Tigre*, tra i quali il *314* dell'*SS-Ustuf*. Willi Ihrion ed il *008* dell'*SS-Ustuf*. Helmut Dollinger.

Carri *Sherman* della *11th Armoured Division* inglese in marcia.

Michael Wittmann

Una delle ultime foto di Wittmann.

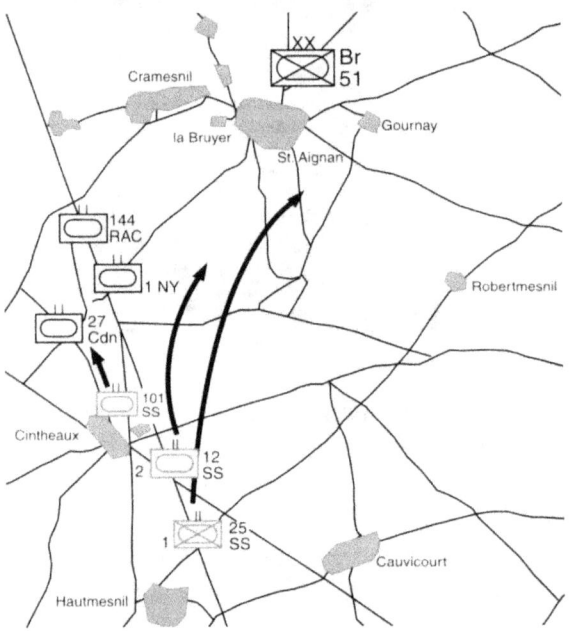
L'attacco di Wittmann dell'8 agosto 1944.

L'*SS-Oberführer* Kurt Meyer, comandante della *12.SS*, gli aveva ordinato di dirigersi a nord di Cintheaux per assicurare il fianco prima dell'attacco alleato. Lungo la strada Caen-Falaise incrociarono una colonna di carri *Sherman* della *4th Armoured Division* canadese che stava avanzando proprio in direzione di Cintheaux, iniziando a distruggerla con i loro cannoni da 88. Quando si avvicinarono al villaggio, videro che alcuni carri nemici stavano attaccano i granatieri a difesa della posizione, quindi senza pensarci due volte, si lanciarono contro di essi distruggendone alcuni. Poco dopo venne avvistata una nuova grossa formazione corazzata nemica che si dirigeva contro di loro. Wittmann riunì i suoi carri e proseguì verso nord. I *Tigre* restarono esposti sul fianco al fuoco nemico che proveniva da nord della quota 122, dove c'era un bosco e dove si erano occultati alcuni carri del *1st Northamtonshire*

Yeomanry (1st NY), sfuggiti all'osservazione di Wittmann. Mentre proseguivano la loro marcia, i *Tigre* ingaggiarono un combattimento con i blindati degli *Sherbrooke Fusiliers* ad ovest della strada. Ad una distanza di circa 1.800 metri, i *Tigre* distrussero o danneggiarono un buon numero di *Sherman*, mentre i pochi *Firefly* disponibili tentarono di opporsi ad essi ma senza successo. Quattro *Sherman* dell'*A Squadron* del *1st NY*, tra i quali un *Firefly* comandato dal sergente Gordon, presero posizione dietro una linea di alberi nella speranza che giungessero rinforzi, mentre i tre *Tigre* giunsero ad una distanza di 1.200 metri[1].

Hans Hoflinger.

Wittmann ed i suoi uomini continuarono a marciare senza avvertire la presenza di questa formazione sul fianco, focalizzando l'attenzione sulla formazione corazzata che avevano di fronte, distruggendo nel frattempo altri tre *Sherman* e danneggiandone un quarto. Alle 12:39, i carri mimetizzati dietro agli alberi iniziarono ad aprire il fuoco contro i *Tigre*. Gordon selezionò il carro che marciava per ultimo, con la cupola del comandante di carro aperta. Alle 12:40, il *Firefly* aprì il fuoco contro la parte più vulnerabile del carro tedesco, quella posteriore, con una rapida successione di proiettili perforanti che provocarono un incendio al suo interno in pochi secondi. Nello stesso tempo, gli *Sherman Firefly* canadesi iniziarono ad aprire il fuoco ad una distanza di 1.100 metri e così anche i *Firefly* del *144th Regiment Royal Armoured Corps* dalla quota 122 a circa 1.300 metri. I *Tigre* di Wittmann furono quindi attaccati da tre lati contemporaneamente, però sembrava impossibile a quella distanza vedere il suo carro perforato. Alle 12:55, l'*SS-Hauptscharführer* Hans Hoflinger, della *2.Kompanie*, aveva visto il *Tigre* di Wittmann immobile, ma ancora integro. Il carro di Gordon cambiò posizione nello stesso tempo in cui uno dei *Tigre* lo aveva individuato ed aveva iniziato a fare fuoco contro di esso. Il sergente rimase ferito alla testa. Il cannoniere del *Firefly* rispose al fuoco colpendolo sul fianco. Pochi istanti dopo, l'esplosione del carico munizioni, fece saltare la torretta del *Tigre*, che cadde ad alcuni metri di distanza. Il *Tigre 007* di Wittmann era stato distrutto insieme a tutto il suo equipaggio. In quel momento il carro tedesco era sotto l'attacco di tre o cinque carri nemici. L'ufficiale medico del Battaglione, l'*SS-Hstuf.* Dr. Wolfgang Rabe, che stava osservando la scena, poté vedere il tiro che centrò il *Tigre* di Wittmann e la battaglia che si stava svolgendo intorno ad esso. Riferì che i *Tigre* erano sotto il fuoco dei carri nemici da almeno tre direzioni diverse e che alcuni erano in fiamme. Attese invano che tornasse qualche superstite, ma nessuno dei carristi sembrava essersi salvato dalla battaglia. Tra i caduti, venne incluso anche Wittmann, che andò ad ingrossare la lista dei dispersi in azione.

Testimonianza dello stesso Hans Hoflinger sul corso della battaglia: "*...Iniziammo quindi a marciare, Michael a destra della strada ed io a sinistra, quattro altri* Tigre *con Michael ed il fratello di von Westernhagen con me. Approssimativamente ad ottocento metri sulla destra di Michael c'era una piccola foresta che ci fece subito nascere dei sospetti. Purtroppo, non siamo riusciti a mantenere la foresta sotto osservazione a causa della nostra missione. Quando mi voltai a guardare sulla sinistra, vidi che il carro di Michael non si muoveva. Lo chiamai per radio ma non ricevetti alcuna risposta. Poi il mio carro ricevette un colpo terribile e dovetti ordinare al mio equipaggio di ripiegare visto che il nostro veicolo era già in fiamme. Mi fermai a guardarmi intorno e scoprì che cinque dei nostri carri erano stati distrutti. La torretta del carro di Michael era sbalzata sulla destra. Nessuno del suo equipaggio tornò indietro. Saltai nel carro di von Westernhagen ed insieme con Heurich, il cui carro era rimasto indenne, tentammo di raggiungere il carro di Michael. Ma non ci riuscimmo. Il Dr. Rabe ci provò subito dopo, ma invano. Ricordo l'ora esatta dell'incidente, erano le 12:55, lungo la strada Falaise-Caen, nei pressi di Cinteaux*".

L'unica fotografia esistente del *Tigre 007* distrutto, scattata da un civile francese, Monsieur Serge Varin nel 1945, con i resti del mezzo ancora nella stessa posizione di un anno prima.

Chi distrusse il *Tigre 007*?

Subito dopo la guerra, si accese un aspro dibattito su chi effettivamente distrusse il *Tigre* di Wittmann, visto che molte unità alleate impegnate nella zona dove avvenne l'ultima battaglia dell'asso tedesco, se ne accreditarono il successo. Tra di esse anche la 1ª divisione corazzata polacca, che però giunse in zona solo verso le 13:55, cioé più di un'ora dopo che Wittmann era stato dato per disperso dalla sua unità. Altra formazione che se aggiudicò la distruzione, fu la 4ª divisione corazzata canadese, ma la sua avanzata durante quella giornata, si concentrò nell'area di Rocquancourt. Si parlò anche della possibilità che il *Tigre* fosse stato centrato da un razzo sparato da un cacciabombardiere britannico *Typhoon*. Ma anche questa ipotesi va scartata, considerato che nel diario operativo della *2nd Tactical Air Force* in quella giornata non venne registrata la distruzione di alcun carro nemico in quella zona. Come si è descritto precedentemente, i *Tigre* furono attaccati da tre direzioni diverse: il *1st Northamtonshire Yeomanry*, il *144th Regiment Royal Armoured Corps* ed il *27th Canadian Armoured Regiment* (*Sherbrooke Fusiliers*). I diari di guerra di quel giorno confermarono le azioni del *1st Northamtonshire Yeomanry* e degli *Sherbrooke* contro i *Tigre* lungo la strada RN158. Quindi una di queste due unità è quella più accreditata per questa speciale vittoria.

Punti vulnerabili del *Tigre I* secondo un manuale tecnico dell'esercito americano.

Il ritrovamento dei corpi

Michael Wittmann ed il suo equipaggio furono inumati non molto lontano dalla zona dei combattimenti da un gruppo di civili locali. Fu solo nel 1983, grazie alle ricerche dello storico francese Jean Paul Pallud, sul posto per uno speciale per la famosa rivista *After the Battle*, che venne ritrovata la tomba di Wittmann a Gaumesnil ai lati della strada Caen-Falaise. Su richiesta della Commissione tedesca per i caduti di guerra (VDK) furono disotterrati i corpi di quattro uomini ed uno di essi fu identificato come quello di Wittmann grazie alla presenza di una protesi dentale, inserita dopo le ferite riportate al viso sul fronte dell'Est. Fu ritrovata anche la piastrina di identificazione del pilota Heinrich Reimers. Gli altri due corpi non poterono essere identificati. Dopo 39 anni, i resti di Wittmann e dei suoi uomini, furono trasferiti al cimitero militare (*Soldatenfriedhof*) di La Cambe, in Normandia[2].

Note

[1] Non si comprende perché le fonti britanniche parlino di solo tre *Tigre*, quando invece erano quattro o di più.

[2] Situato lungo la statale che collega Bayeux a Cherbourg. Vi riposano 21.202 soldati tedeschi.

Informazioni

Michael Wittmann

Nato il 22 aprile 1914 a Vogelthal / Oberpfalz
Morto in combattimento: 8 agosto 1944 nei pressi di Cintheaux, a sud di Caen in Normandia
SS-Nr.: 311 623 (ingresso 1 Aprile 1937)

Promozioni
Gefreiter: 1° novembre 1935
SS-Mann: 1° aprile 1937
SS-Sturmann: 1° novembre 1937
SS-Unterscharführer: 20 aprile 1939
SS-Oberscharführer: 9 novembre 1941
SS-Untersturmführer: 21 dicembre 1942
SS-Obersturmführer: 20 gennaio 1944
SS-Hauptsturmführer: 22 giugno 1944

Decorazioni
Die Medaille zur Erinnerung an den 13.März 1938 (Medaglia per la riunificazione con l'Austria): 13 marzo 1938
Die Medaille zur Erinnerung an den 1.Oktober 1938 (Medaglia commemorativa per l'annessione dei Sudeti): 1° ottobre 1938
Eisernes Kreuz 2.Klasse (Croce di Ferro di 2ª Classe): 12 luglio 1941
Verwundetenabzeichen in schwarz (Distintivo per feriti in nero): 20 agosto 1941
Eisernes Kreuz 1.Klasse (Croce di Ferro di 1ª Classe): 8 settembre 1941
Panzerkampfabzeichen in silber (Distintivo per assalti corazzati in argento): 21 novembre 1941
Die Medaille Winterschlacht Im Osten 1941/42 (Medaglia del Fronte dell'Est): 8 gennaio 1942
Ritterkreuz des Eisernes Kreuzes (Croce di Cavaliere della Croce di Ferro): 14 gennaio 1944 come *SS-UStuf.* e *Zugführer* nella *13.(schw.)/SS-PzRgt 1 "LSSAH"*.
Eichenlaub, 380° detentore (Fronde di Quercia): 30 gennaio 1944 come *SS-UStuf.* e *Zugführer* nella *13.(schw.)/SS-PzRgt 1 "LSSAH"*.
Schwertern, 71° detentore (Spade): 22 giugno 1944 come *SS-Obersturmführer* e *Chef 2./SS-Pz.Abt 101*.

Bibliografia

Fonti primarie
Archivi pubblici
Bundesmilitär-archiv, Freiburg, Germania
Washington, D.C. National Archives and Records Administration (NARA).
Berlin Document Center: *Personalakte Michael Wittmann*
Vojensky Historicky Archiv (Archivio storia militare di Praga)
Deutsche Dienststelle (WASt)
Tank Museum di Bovington, Inghilterra: Diario di guerra del *4th County of London Yeomanry*
Tank Museum di Bovington, Inghilterra: Diario di guerra del *1th Nortamptonshire Yeomanry*

Riviste e pubblicazioni dell'epoca
Rivista *Signal* varie edizioni e vari numeri
Herbert Reinecker, "*Michael Wittmann, der Panzertoter*", Das Schwarze Korps, 3 agosto 1944

Fonti secondarie
Libri
M.Afiero, "*Waffen SS in Guerra, Vol. II: 1943-44*", Associazione culturale Ritterkreuz
Patrick Agte, "*Michael Wittmann and the Waffen SS Tiger: Commanders of the Leibstandarte in WWII, Volume 2*", Stackpole Military History.
AA.VV., *After the Battle Magazine*, Issue 48.
G.Bernages, "*The Panzers and the battle of Normandy*", Editions Heimdal
J.Ormeno Chicano, "*Michael Wittmann y Villers-Bocage, 1944*", Almena Ediciones
Stephen A. Hart, "*Sherman Firefly vs Tiger: Normandy 1944*"
E. G. Kraetschmer, "*Die Ritterkreuztraeger der Waffen-SS*", Preussisch Oldendorf 1982
Franz Kurowski, "*Panzer Aces*", Ballantine Books, New York
Eric Lefevre, "*Panzers in Normandy: Then and Now*", Battle of Britain Prints Int. Ltd.
R. Lehmann, "*Die Leibstandarte*", volumi I-IV, Munin Verlag
Wolfgang Schneider, "*Tigers in Combat: Volume 2*", Stackpole Military History
G. Simpson, "*Tiger Ace: The life story of panzer commander Michael Wittmann*", Schiffer Publishing
C. Trang, "*Leibstandarte 1943-1945*", Editions Heimdal
C.W. Wilbeck, "*Sledgehammers: strenght and flaws of Tiger Tank Battalions in World War II*", The Aberjona Press

Michael Wittmann

SOLDIERSHOP PUBLISHING

www.ingramcontent.com/pod-product-compliance
Lightning Source LLC
LaVergne TN
LVHW081545070526
838199LV00057B/3779